中等职业学校公共素质教育系列教材
核 心 职 业 素 养 训 练 系 列

自我管理能力训练

Ziwo Guanli Nengli Xunlian

总主编／车景华

主　编／张燕燕

副主编／刘　瑶　陆伟峰

参　编／李　娟　韩　美　王欢欢
　　　　苏小璇　胡秀霞　翟松辉

zjfs.bnup.com | www.bnupg.com

北京师范大学出版集团
BEIJING NORMAL UNIVERSITY PUBLISHING GROUP
北京师范大学出版社

图书在版编目（CIP）数据

自我管理能力训练/张燕燕主编. —北京：北京师范大学出版社，2013.10（2022.7重印）

（中等职业学校公共素质教育系列教材）

ISBN 978-7-303-16818-7

Ⅰ．①自… Ⅱ．①张… Ⅲ．①自我管理学-通俗读物 Ⅳ．①C936-49

中国版本图书馆 CIP 数据核字（2013）第 172740 号

营 销 中 心 电 话　010-58802181　58805532
北师大出版社职业教育分社网　http：∥zjfs.bnup.com
电 子 信 箱　zhijiao@bnupg.com

出版发行：北京师范大学出版社　www.bnupg.com
　　　　　北京市西城区新街口外大街 12-3 号
　　　　　邮政编码：100088
印　　刷：保定市中画美凯印刷有限公司
经　　销：全国新华书店
开　　本：787 mm×1092 mm　1/16
印　　张：9.75
字　　数：210 千字
版　　次：2013 年 10 月第 1 版
印　　次：2022 年 7 月第 10 次印刷
定　　价：18.00 元

策划编辑：庞海龙　　　　　责任编辑：庞海龙
美术编辑：高　霞　　　　　装帧设计：弓禾碧工作室
责任校对：陈　民　　　　　责任印制：马　洁

核心职业素养训练系列教材编写指导委员会

主　任　张群论　郑　萍
副主任　孙洪丽　车景华
委　员

宋　波　李　玮　刘巨栋　丁兆花

李志华　张　晶　陈燕杰　隋文帅

核心职业素养训练系列教材专家咨询委员会

夏从亚　　中国石油大学　教授　博士生导师
姜　真　　青岛科技大学　教授　硕士生导师
王有升　　青岛大学师范学院　教授　硕士生导师
姜智德　　青岛前哨精密机械有限公司　党委书记
李　强　　山东焦化集团　副总裁
王启先　　青岛澳柯玛股份有限公司　副总裁
马有田　　青岛市人力资源协会副秘书长
谭云飞　　青岛白马市场顾问有限公司　总经理
吕　杰　　青岛海信模具有限公司　综合管理部副部长

加强职业素养和人文素养教育，
培养"双核型"高技能人才

高技能人才是我国城镇化、工业化、现代化和产业结构优化升级的重要推动力量，也是我国工人阶级队伍的重要组成部分。在这支队伍中，青年是骨干和中坚，到 2020 年，我国将进一步加大青年高技能人才的比重和影响，计划新增 1300 余万各类高技能人才。关注青年发展，开发青年人力资源，必须关注青年高技能人才的成长。目前，职业（技工）院校学生是青年高技能人才的主要来源。他们公认的优势是技能突出、动手能力强，但职业和人文素养的提升则是他们实现职业生涯规划和人生理想普遍面临和必须解决的难题。研究探索一条符合人才成长规律、适合学生个性特点的职业院校职业和人文素养教育模式，实现职业院校学生的全面、协调和持续发展，对于职业教育而言，具有极其重要现实意义，对于建设一支兼具核心职业技能和核心职业素养的"双核型"高素质技能人才队伍，同样具有十分重要的现实意义。

一、职业院校学生素质现状：技能优势与素养短板并存

一则新闻形象地阐释了当前职业院校学生的素质状况。日前，主管职业教育的教育部负责人在山西调研时指出，"示范院校的高楼大厦代表不了职业教育的质量水平。只有当这些身穿蓝色工作服的年青一代下班后，穿上西服、系上领带去休闲，懂得欣赏名曲、名诗与名画了，才真正做到职业教育的脱胎换骨。"（2011 年 3 月 28 日《中国青年报》职业教育版）这则讲话发人深省，传递出许多重要信息。

一是职业院校技能教育对路，学生技能水平经得起检验。教育部负责人现场布置给学生一道创新作品，在查验学生完成的"答卷"后说，"职业院校学生的技能水平是过硬的"。这一点也可以从近年来各地职业院校居高不下的高就业率得到印证。这说明，长期以来职业院校探索实践的"校企一体、工学结合、顶岗实习"的办学模式在技能培养方面成效显著，技能突出已经成为职业院校学生不争的优势和特色。

二是职业院校学生存在素养"短板"，值得关注。由于社会各界经常给职业院校学生贴上"学习差""问题多"等标签，以及把他们一辈子定位为"蓝领"的陈旧观念，与重点高中和大学的学生相比，职业院校"一些孩子总是抬不起头来，目光不敢注视他人，甚至有些畏缩"，显得不够自信和阳光，而且知识面较窄，缺乏过硬的职业和人文素养。这一"短板"势必成为职业院校学生未来发展的瓶颈，应值得关注。《中国教育报》公布的一项调查显示，企业对职院校毕业生的技能水平总体是满意的，而对他们的团队意识、创新精神以及责任心、忠诚度等方面的满意度并不高。

三是加强素养教育是职业院校真正脱胎换骨的根本出路。职业教育是经济社会发展"秘密武器"。中国从世界制造业大国向制造业强国迈进，迫切需要加快发展现代职业教

育，需要职业教育来一场真正的脱胎换骨式的革命，这场革命必须从职业和人文素养教育入手，以科学的发展观、人才观和教育观，创新现代技能人才培养模式，"通过全面、系统培养，人人都是人才的培养"，真正实现职业教育脱胎换骨的转变。

二、良好的素养是职业院校学生成为高素质技能型人才的关键

素养"短板"将成为职业院校学生未来发展的瓶颈，职业教育脱胎换骨式的革命必须从职业和人文素养教育入手。

1. 职业和人文素养已经成为现代技能人才的重要内涵和时代特征

长期以来，我们对技能人才的认识，一直停留在单纯的技能熟练、动手能力强的层面上。随着科技的进步和社会的发展，技能人才的标准在不断提高，内涵在不断变化。除了技能的科技含量显著增加外，创新、合作、责任、执行等素养因素逐步增多，高素养成为现代技能人才新的内涵和特征。2009年年底，胡锦涛同志视察珠海高级技工学校时，勉励学生"刻苦学习文化科学知识，潜心钻研专业技能，努力成为高素质技能型人才"。《国家中长期人才发展规划纲要（2010—2020年）》明确提出"以提升职业素质和职业技能为核心"，建设一支门类齐全、技艺精湛的高技能人才队伍。党的十八大报告提出，要"把立德树人作为教育的根本任务"，"培养学生社会责任感、创新精神、实践能力"，突出体现了科学发展观以人为本的思想，为全面贯彻党的教育方针赋予了新的内涵，也为现代职业教育加快发展提出了新任务、新要求。因此，我们应当转换视觉，重新审视高技能人才的内涵和培养，兼顾技能和素养，单纯技能训练是培养不出真正合格的高技能人才的。

2. 职业和人文素养的高低决定着技能人才的未来发展

按照著名的"素质冰山"理论，技能人才的综合素质包括显性职业素养和隐性职业素养，前者可以通过各种学历证书、职业证书来证明，或者通过专业考试来验证；隐性职业素养代表职业意识、职业道德、职业作风和职业态度等方面，虽然看不见，但它决定并支撑着外在的显性职业素养。备受读者推崇的《一生成就看职商》的作者分析众多职场人士的成功与失败后得出结论，认为：一个人能力和专业知识固然重要，但最关键的还在于他所具有的职业素养。缺少这些关键的素养，一个人将一生庸庸碌碌，与成功无缘。拥有这些素养，会少走很多弯路，以最快的速度通向成功。由此可见，决定一个技能人才长远发展、有所成就的，不仅仅是传统意义上的技能，还包括其职业素养。实践证明，一个具有良好职业素养的技能人才，才是真正受企业欢迎的人才。

3. 职业和人文素养教育的成功与否深刻影响职业院校的前途和命运

职业院校直接面向市场。人才是产品，企业是客户，素养培养的缺失意味着产品质量的不合格，最终的结局将是失去客户、失去市场、失去生存发展的空间。在抓好技能训练的同时，加强职业素养教育，已经成为国内外职业教育界的共识和行动。德国的"双

元制"、美国的"社区学院"、加拿大的 CBE(Competency Based Education)、澳大利亚的 TAFE(Technical and Further Education)、英国的 BTEC (Business and Technology Education Council)都不同程度地体现了技能训练和素养培育的融合,如美国社区学院就开设了与工作没有直接联系的人文和社会学科课程。国内职业院校和有关专家也纷纷开展技能人才培养模式研究和实践探索,取得了很多成果。其中,青岛市技师学院提出了"双核培养"(核心职业技能和核心职业素养)的育人目标,并把它作为办学理念的核心内容,进行了一系列的探索实践,收效也非常明显。可以说,谁越早实现这一脱胎换骨式的革命,谁就能抓住职业教育大发展的机遇,在日益激烈的竞争中掌握先机。

三、加强职业和人文素养教育,培养"双核型"高技能人才

职业和人文素养教育意义重大,影响深远。职业院校要进一步增强机遇意识、危机意识和主体意识,坚持"双核"并重,切实加强职业素养和人文素养教育,积极探索高素质技能型人才培养的新途径、新方法,努力推进职业教育的大发展。

1. 积极推动课程改革,重视文化基础课在素养养成中的作用

思想政治、语文、数学、英语、体育、职业生涯规划、美术、音乐赏析、礼仪等文化基础课程,是学生职业和人文素养养成的重要途径。要扭转专业技能课包办一切、文化基础课可有可无的错误认识,保证文化基础课的课时量。当然,文化基础课需要进一步明确教学指导思想,主动对接和渗透"双核"要求,以提升职业和人文素养为教学着力点和落脚点,以改进教学方式为动力,科学设计教学内容,积极推进课程改革和教学改革,做到让优势课程得到提升,让传统课程得到改造,同时不断开发新的课程,逐步形成核心职业素养教育为主导的课程体系,使课堂教学在"双核"教育中的独特优势和作用得到充分展示和发挥。

2. 实现技能教育和素养教育的紧密融合,突显课堂主阵地地位

素质教育主阵地在课堂,职业院校专业课(包括专业基础课)课时量占到全部课时的80%以上,实施以弥补职业素养和人文素养为核心任务的素质教育,专业课教学理所当然要发挥突出作用。职业院校应当摒弃技能训练和素养培育"两张皮"的传统认识,积极促进两者的紧密融合,实现你中有我,我中有你。要大力推进"素养教育进课堂"工作,把"6S"管理等职业素养教育的相关内容渗透到专业课教学中,融入学生学习环境中,让学生在学习技术、技能的同时,接受真实职业环境的熏陶,体验真正职业人的工作规范,感受和养成良好的职业素养。

3. 加强企业文化和校园文化的互动,营造素养教育的浓厚氛围

文化是一种特殊的力量,它潜移默化地影响着学生的思维方式和行为习惯。企业文化代表了企业的价值观,校园文化体现了院校的人才培养理念,两者均渗透了职业素养的要求。职业院校应当坚持"走出去、请进来"的方式,以校企合作、联合办学为载体,

搭建校园文化与企业文化对接的平台，引进企业文化的合理成分，丰富校园文化的内涵，提升校园文化层次和品位，使校园文化更加符合企业要求，贴近市场实际，从而更好地引导学生素质发展方向，营造素养养成的良好环境。要针对学生职业和人文素养现状，开展校园文化创建活动，吸引学生参与其中，提前感受职场氛围，了解未来岗位要求，做好迎接挑战的准备。

4. 建设一支高素质的教师队伍是实施素养教育的根本保证

"教师是素质教育的实施者，高素质人才的铸造师。"提升学生职业素养教师最关键。在实施素养教育过程中，全体老师要努力做到学高为师，身正示范，自觉加强学习，严格要求自己，不断提升职业和人文素养，努力提升人格魅力，当好学生的表率。要求学生做到的，老师要率先做到。要从着装、礼仪、守时、诚信、节约、爱好等小事和细节做起，以一言一行影响和带动学生。要努力构建全员育人、全方位育人、全过程育人的"三全"育人体系，每一名教职员工都是素质教育的责任人。校园内部素质教育不能有盲区、不能有空白点，每个人的言行、本职工作，都是素质教育的资源和载体，都和素质教育息息相关。

党的十八大提出要"加快发展现代职业教育"，为我们展示了职业教育的灿烂明天；同时也提出要"把立德树人作为教育的根本任务，培养德智体美全面发展的社会主义建设者和接班人"，"全面实施素质教育，深化教育领域综合改革，着力提高教育质量，培养学生社会责任感、创新精神、实践能力"。这些要求可以说进一步明确了现代职业教育发展改革的方向和人才培养目标、途径，对职业院校今后的发展将起到重要的导引作用。

车景华

前言

良好的自我管理能力，是当今社会个人生存与可持续发展必不可少的条件，是为人处世、立足于社会的必备能力。对于学生而言，掌握必要的自我管理技巧，有助于他们顺利适应工作环境，从容应对生活中的困难与危机，并对职业生涯发展产生积极而深远的影响。

目前，职业院校和技工院校学生普遍缺乏自我管理能力，这使他们在今后的工作和生活中困难重重。而用人单位不仅要求应聘者具有扎实的专业技能，而且还要求他们有较强的自我管理能力：能对自己的知识和技能有理性的认识；能遵守公司和企业的制度规范；能在工作环境下不断自我学习；能够设计规划自己的职业生涯，谋求可持续发展；能控制好自己的情绪，以积极的心态面对挫折……学生要获得这种能力，必须接受系统的、正规的教育和训练，只有这样，才能更快更好地成为社会和企业所需要的高素质技能人才。基于上述原因，我们编写了本书，并力求体现出以下特色。

第一，本书以习近平新时代中国特色社会主义思想为指导，坚持"立德树人"，以职业院校学生的自我管理能力现状为出发点，针对学生的基础和特点，介绍他们最欠缺、最需要的自我管理技能。

第二，体现"职业"特色，在案例的选择和能力训练的设计上融入职场元素，让学生提前对职场有所了解，感受职场氛围。

第三，以能力训练为主，理论指导为辅，通过有针对性的训练让学生在活动中掌握相关技能，真正做到"有趣、有用、有效"。

本书由车景华任总主编，由张燕燕任主编，由刘瑶和陆伟峰任副主编。李娟、韩美、王欢欢、苏小璇、胡秀霞和翟松辉参与了本书的编写工作。

在本书编写过程中，参考了多位专家学者的著作，在此表示衷心的感谢。

由于编者水平有限，书中难免存在疏漏与不妥之处，敬请广大读者批评指正。

目 录

第一章

自我认知管理

第一节 认识自我——自知者明

学 习 目 标

1. 了解自己的性格特征，对自我角色有正确的认识。
2. 分析自己的优、缺点，学会自我欣赏和自我激励。

学习引导

小兔子学游泳

有一只小兔子被送进了动物学校，它最喜欢跑步课，并且总是得第一；最不喜欢的则是游泳课，一上游泳课它就非常痛苦。小兔子每天垂头丧气地到学校上学，老师问它是不是在为游泳太差而烦恼，小兔子点点头，盼望得到老师的帮助。老师说："其实这个问题很好解决，你跑步是强项，游泳是弱项，这样好了，你以后不用上跑步课了，可以专心练习游泳。"

问题1：老师给小兔子的建议是否正确？为什么？

_____

_____

_____

_____

问题2：现实中你的强项和弱项分别是什么？

_____

_____

_____

琼瑶学数学

琼瑶我们大家都知道，她的文笔很好，她的小说多次被搬上银幕，可谁又知道琼瑶小时候很苦恼她的数学。有一次，琼瑶的数学只考了20分，老师发了"严加督导"的通知单给琼瑶，要家长在通知上签名盖章，这件事本来就使琼瑶惶恐不安，不知回家后，如何向母亲开口。可琼瑶放学回家，看见小妹在哭泣，父母一左一右地在她身边哄着她，安慰着她。琼瑶大吃一惊，以为发生了什么事。其实什么事也没有发生，只因要强的小妹，没有考100分，考了98分。这下琼瑶更加自卑，更加惶恐。她不知自己数学只有20分的成绩单，如何去要母亲签名盖章。到了深夜，琼瑶还是将需要家长"严加督导"的通知拿出来给了母亲。母亲看着琼瑶的20分，想起了小女儿考98分还要哭泣，这样的差别，使得她不能不拿小女儿和琼瑶相比。"你要我们做父母的，拿你怎么办？为什么你一点儿都不像你妹妹？"听了母亲的话，琼瑶冲出了房门，冲到了街头，她希望自己就这样死掉算了。

资料来源：覃贤茂. 琼瑶爱情世界. 南京：江苏文艺出版社，2010。

问题1：琼瑶为什么会很苦恼和自卑？她的问题在哪里？

_____

_____

问题2：由琼瑶的故事，你得到什么启示？换位思考，你会怎么做？

_____

_____

能力训练

1. 任务描述

每个同学在教师发放的"自我分析表"上认真诚实地填写有关自己的内容；学生结合自己所填内容写一份200字左右的趣味自我介绍。

2. 任务目标

训练自我分析能力，提高学生的自我认知水平。

3. 任务规则

1)学生要实事求是地填写自我分析表格，字迹要清晰。

2）填写自我分析表格时，禁止同学之间互相讨论。

3）自我介绍的内容要客观，语言可幽默诙谐。

4）教师进行考勤，记录结果并纳入学习评价中。

4. 任务材料

（1）自我描述的形容词（中英文对照）（表1-1）

表 1-1

active 主动的，活跃的	humorous 有幽默感的
adaptable 适应性强的	impartial 公正的
aggressive 有进取心的	independent 有主见的
ambitious 有雄心壮志的	industrious 勤奋的
amiable 和蔼可亲的	ingenious 有独创性的
capable 有能力的，有才能的	intellective 智商高的
careful 仔细的，认真的	intelligent 聪明的
charitable 宽厚的	inventive 有发明才能，有创造力的
competent 能胜任的	just 正直的
confident 有信心的	kind-hearted 好心的
conscientious 认真的，自觉的，尽职	knowledgeable 有见识的，知识丰富的
cooperative 有合作精神的	logical 逻辑性强的
creative 富创造力的	methodical 有方法的
dashing 活跃的，有拼搏精神的	modest 谦虚的
dedicated 有奉献精神的	open-minded 开明的，虚心的
dependable 可靠的	practical 实际的，有实践经验的
disciplined 守纪律的	precise 一丝不苟的
dutiful 尽职的	persevering 不屈不挠的
dynamic 精力充沛的	punctual 守时的
earnest 认真的，热心的	qualified 合格的
efficient 有效率的	rational 有理性的
energetic 精力充沛的	realistic 实事求是的
enthusiastic 充满热情的	reasonable 讲道理的
expressivity 善于表达	self-conscious 自觉的
faithful 守信的，忠诚的	selfless 无私的
frank 直率的，真诚的	sensible 明白事理的
friendly 友好的	sincere 真诚的
frugal 俭朴的	smart 精明的，聪明的
generous 宽宏大量的	spirited 生气勃勃的
gentle 有礼貌的	straightforward 坦率的
hard-working 勤劳的	strong-mined 意志坚强的
honest 诚实的	sweet-tempered 性情温和的
have an inquiring mind 爱动脑筋	well-educated 受过良好教育的

自我管理能力训练

（2）自我优缺点的描述举例

优点：活泼可爱、乐于助人、聪明伶俐、持之以恒、积极向上、开朗大方、踏实肯干、做事认真、多才多艺、爱好广泛、喜欢学习、形象良好等。

缺点：粗心大意、三心二意、固执、浮躁、耐心不够等。

（3）趣味自我介绍举例

例1：大家好，以后将要和大家一起学习，我感到很兴奋。大家听完我的自我介绍，一定会喜欢跟我交朋友的。我叫××，我是个17岁的男孩，为什么叫男孩呢，因为我的心还是很弱小的，没有经过岁月的磨炼。但我也快是个要成年的男人了，因为我快18岁了。我喜欢回忆我的少年，回忆我的少年带给我的无数的快乐；而我更向往早点变成一个成年人，因为成年了就能做自己喜欢的事，不再受别人的牵制和约束。

例2：我在同学中，不高不矮，有点偏瘦，不美不丑，精力充沛。我喜欢吹拉弹唱，兴趣广泛，性格活泼，智商中等，意志力稍欠缺；人缘还不错，朋友有几个，在班上负责宣传工作，至于效果嘛，大家还认可。

5. 任务实施

（1）自我分析

学生在20分钟内填写自我分析表格（表1-2），教师巡回观察，并做好记录。

表 1-2

项目 分数	外貌情况	家庭状况	学校状况	教育情况	经济条件	身体状况	心理健康	人际关系	精神状态	整体评价	原因分析
100											
90											
80											
70											
60											
50											
40											
30											
20											
10											
0											

4

外貌情况——身高、体重、妆容、穿着打扮、时尚风格等；

家庭状况——家庭成员人数、与父母兄弟姐妹的关系；

学校状况——学校的外在环境、内在学习文化氛围、与教师的关系等；

教育情况——专业学习、学习能力、其他技能方面；

经济条件——家庭经济条件及自身收入和生活水准；

身体状况——有无身体疾病，体质强弱、胖瘦等；

心理健康——自我感觉心理健康程度；

人际关系——与同学、舍友及其他人的关系处理；

精神状态——是否有信仰、精神是否饱满；

整体评价——以上几点综合评价。

（2）趣味自我介绍

学生根据自我分析表格的结果，恰当地组织文字，在 20 分钟内写一个 200 字左右的趣味自我介绍，语言可诙谐幽默，可参考上面的示例。教师挑选表现优秀的学生在全班进行交流，并给予点评。

学生 1：_____

_____

_____

_____

学生 2：_____

_____

_____

_____

学生 3：_____

_____

_____

_____

6. 任务反馈

1）学生上交自我分析表格，教师进行阅览后有针对性地和部分学生进行交流。

2）教师对每位学生的趣味自我介绍作业进行点评。

知识拓展

1. 自我认知的含义

自我认知也叫自我意识，或叫自我（EGO），是个体对自己存在的觉察，包括对自己的行为和心理状态的认知。

从自我的内容上来划分，自我可以分为生理自我、心理自我和社会自我。生理自我是指个体对自己的生理属性的认识，如身高、体重、长相；心理自我是指个体对自己心理属性的认识，如心理过程、能力、气质、性格等；社会自我是指个体对自己社会属性的认识，如自己在各种社会关系中的角色、地位、权力等。

2. 自我意识

自我意识是一个多维度、多层次的复杂心理系统，它在内容、形式和自我观念上表现为自我认识、自我体验和自我调控。

自我认识是自我意识的认知成分，指个体对生理自我、心理自我和社会自我的认识。它包括自我感觉、自我观察、自我观念、自我分析和自我评价等层次。其中，自我观念、自我分析和自我评价是最主要的，集中体现了个体的自我认识水平乃至自我意识的发展水平，也是自我体验和自我调控的前提。

自我体验是自我意识的情感成分。在自我认识的基础上产生，反映个体对自己所持的态度。它包括自我感受、自爱、自尊、自信、自卑、内疚、自豪感、成就感、自我效能感等层次。其中，自尊是自我体验中最主要的方面。

自我调控是自我意识的意志成分，指个体对自己行为和心理活动的自我作用过程。它包括自立、自主、自律、自我监督、自我控制和自我教育等层次。其中，自我控制和自我教育是最主要的方面。

3. 培养正确的自我意识

（1）正确的自我观

你认识你自己吗？事实上很多人并不真正了解自己。"不识庐山真面目，只缘身在此山中"，要完全了解自己真的很难，我们可以从下面几点做起：

1）正确地认知自我。"人贵有自知之明"，全面而正确地自我认知是培养健全的自我意识的基础。只有正确认识自己，才能科学对待自己的过去，恰当地确立自我发展的方向，实实在在地把握现在；才能在社会情境中找到自己恰当的位置，才能理解他人，尊重他人，与他人和谐相处，被社会所接纳。

2）多角度地评价自我。通过自我评价和听取他人对自己的评价，来正确认识自己。我们自己不妨认真仔细地想一想，用尽量多的形容词描述自己，要忠实于自己的内心。在此基础上，进行第二步，他人对自我的描述，即父母眼中的我、同学眼中的我、老师眼中的我、恋人眼中的我、兄弟姐妹眼中的我。再寻找这些描述中共同的品质，将其归类。描述的维度越多，越能找到比较正确的自我。

3）经常地自我反省。曾子说"吾日三省吾身"，就是一种自我监督活动，没有自我反省，就无从实现自我完善。通过反省、分析自己成功或失败的原因，对自己作一分为二的分析，严于剖析自我，敢于批评自己，以调整自我评价，从而来定位自我，提高自我认识，作为自我调控的出发点。

（2）自我悦纳

自我悦纳是对自己的本来面目持肯定、认可的态度，是自我意识健康发展的关键所在。一个人只有欣然地接受自我，才能有信心去面对真实的我，自尊、自爱，珍惜自己的人格和名誉，注重自我修养，使自己发展到一个较高境界。如果一个人不喜欢别人，他可以远离他（她）；但一个人不喜欢自己，则是必须解决的问题。积极的自我悦纳可以从以下几点做起。

1）喜欢自己。自我悦纳首先要接纳自己，喜欢自己，欣赏自己，看到自己身上的闪光点，潜藏着大量待挖掘的能量，具有存在的价值。天生我材必有用，因而不必苛求自己做个十全十美的人。体会自我的独特性，在此基础上体验价值感、幸福感、愉快感与满足感。

2）保持乐观、性情开朗。马克思说，一种美好的心境，比十服良药更能解除生理上的疲劳和痛苦。比如同学们到了新的环境，经常面临着各种生活、学习压力，经常遇到各种挫折和冲突，有的同学碰到挫折说："哎呀，这种可笑的事情竟让我碰上了"。像这样以开朗的心情把自己的失败告诉他人的人，一定是一个充满活力的人。人们说："人逢喜事精神爽"，"好心情效应"就能面对现实、正视现实中的自我。

3）全面看待自己的优、缺点。每个人都既有长处又有弱点，接纳自己的不完美，树立正确的认知观念。人不能十全十美，每个人都有优、缺点。人既不会事事行，也不会事事不行；一事行不能说事事行，一事不行也不说明事事不行，要善于克服自己的缺点，扬长避短，充分地发挥自身潜力。

（3）有效地控制自我

有效地控制自我是健全自我意识完善的根本途径，我们要控制自我，应该做到以下几点：

1）培养顽强的意志力。很多学生为自己树立了远大的目标和理想，在努力的过程中，没有足够的自制能力和意志，经受不住挫折和打击，无法实现自我理想。有的学生经常说："我想早起，可就是没有恒心。""我想学习，可就是学不进去。"

培养顽强的意志，发展坚持性和自制力，增强挫折耐受力，使自己能自觉主动地认清目标，为实现目标而努力排除干扰、克服困难。

2）培养自信心。自信心是一种自我肯定的信念，在自我意识中往往以"我行""我能行""我是不错的""我比很多人都强"等观念得以存在与表现，并会有意无意地体现在行为之中。所以，有无自信心对个体来说是非常重要的。比如：对于自傲的人，应当有意地控制自己。屠格涅夫曾说过："劝那些刚愎自用的人，说话前要多想，在舌头上多绕几圈。"而对于自卑的人，更应当有效地调控自我，时常地进行积极的自我暗示，当面临某种事情感到自己信心不足时，不妨自己给自己壮胆："你一定会成功！一定会的。"或者自问："人人都能干，我为什么不能干？我同样的不也是人吗？"

3）重塑自我、不断地超越自我

认识自我，接纳自我，都是为了塑造自我，超越自我。对于我们而言，超越自我更是终身努力的目标。在行动上，无论对人对事，均全力以赴，使自己的能力品行得到最大限度的发挥。超越是一种境界，更是一种过程，一种"新我、独特的我、最好的我"形成过程，它不是一帆风顺的，需要付出艰辛的努力和沉重的代价。

走向成功和卓越的自我——"在这个世界上，你是独一无二的，生下来你是什么，这是上帝给你的礼物，你将成为什么，这是你给上帝的礼物。上帝给你的礼物我们无法选择，但你给上帝的礼物，将由你个人去创造，主动权在你自己，就是：认识自我，悦纳自我，激励自我，控制自我，完善自我，超越自我"。

4. 气质类型测试

测测你的气质（胆汁质 多血质 黏液质 抑郁质）。它会告诉我们应该怎样去认识自己的心理特征，根据分析结果采取怎样的调整策略以便更好地发挥自己的优势。

你在回答下面的问题时，认为很符合自己情况的记2分，比较符合的记1分，介于符合与不符合之间的记0分，比较不符合的记减1分，完全不符合的记减2分。

1）做事力求稳妥，不做无把握的事。

2）遇到可气的事就怒不可遏，想把心里话全说出来才痛快。

3）宁肯一个人干事，也不愿和很多人在一起。

4）到一个新的环境很快就能适应。

5）厌恶那些强烈的刺激，如尖叫、噪声、危险镜头等。

6）和人争吵时，总是先发制人，喜欢挑衅。

7）喜欢安静的环境。

8）善于和人交往。

9）羡慕那种能克制自己感情的人。

10）生活很有规律，很少违反作息制度。

11）在多数情况下情绪是乐观的。

12）碰到很多陌生人觉得很拘束。

13）遇到令人气愤的事，能很好地自我控制。

14）做事总有很旺盛的精力。

15）遇到问题常常举棋不定，优柔寡断。

16）在人群中从不觉得过分拘束。

17）情绪高昂时，觉得干什么事都有趣；情绪低落时，又觉得干什么都没意思。

18）当注意力集中于一件事时，别的事很难使你分心。

19）理解问题总比别人快。

20）碰到危险情况，常有一种极度恐惧感。

21）对学习、工作、事业怀有一种很高的热情。

22）能够长时间做枯燥、单调的工作。

23）符合兴趣的事情，干起来劲头十足，否则就不想干。

24）一点儿小事就能引起情绪波动。

25）讨厌做那种需要耐心、细致的工作。

26）与人交往不卑不亢。

27）喜欢参加热烈的活动。

28）爱看感情细腻、描写人物内心活动的文艺作品。

29）工作学习时间长了，常会感到厌倦。

30）不喜欢长时间谈论一个问题，愿意实际动手干。

31）宁愿侃侃而谈，不愿窃窃私语。

32）别人说你总是闷闷不乐。

33）理解问题常比别人慢些。

34）疲倦时只要短暂地休息就能精神抖擞，重新投入工作。

35）心里有话宁愿自己想，不愿说出来。

36）认准一个目标就希望尽快实现，不达目的，誓不罢休。

37）学习、工作同样一段时间后，常会比别人感到疲倦。

38）做事有些莽撞，常常不考虑后果。

39）老师或师傅在讲授新知识、技术时，总希望他讲慢些，多重复几遍。

40）能够很快忘记那些不愉快的事情。

41）做作业或完成一件工作总比别人花时间多。

42）喜欢剧烈、运动量大的体育活动，或喜欢参加各种文娱活动。

43）不能很快把注意力从一件事转移到另一件事上去。

44）接受一个任务后，希望把它迅速完成。

45）认为墨守成规比冒风险强些。

46）能够同时注意几件事情。

47）你烦闷的时候，别人很难使你高兴起来。

48）爱看情节跌宕起伏、激动人心的小说。

49）对工作抱认真严谨、始终如一的态度。

50）和周围人的关系总是相处不好。

51）喜欢复习学过的知识，重复做已经掌握的工作。

52）喜欢做变化大、花样多的工作。

53）小时候背诗歌，你似乎比别人记得更清楚。

54）别人说你"出语伤人"，可你并不觉得。

55）在体育活动中，常因反应慢而落后。

56）反应敏捷，头脑机智。

57) 喜欢有条理而不甚麻烦的工作。

58) 兴奋的事情常使你失眠。

59) 老师讲新概念，常常听不懂，但是弄懂以后就很难忘记。

60) 假如工作枯燥无味，马上就会情绪低落。

【记分方法】

按题号将题分为四类，计算每类题的得分总和。

胆汁质：2) 6) 9) 14) 17) 21) 27) 31) 36) 38) 42) 48) 50) 54) 58)

多血质：4) 8) 11) 16) 19) 23) 25) 29) 34) 40) 44) 46) 52) 56) 60)

黏液质：1) 7) 10) 13) 18) 22) 26) 30) 33) 39) 43) 45) 49) 55) 57)

抑郁质；3) 5) 12) 15) 20) 24) 28) 32) 35) 37) 41) 47) 51) 53) 59)

【评价方法】

①如果某气质类型得分明显高于其他三种，均高出 4 分以上，则可定为该气质类型。如果该气质类型得分超过 20 分，则为典型类型；如果该气质类型得分在 10～20 分，则为一般型。

②两种气质类型得分接近，其差异低于 3 分，而且又明显高于其他两种，高出 4 分以上，则可定为两种气质类型的混合型。

③三种气质类型得分接近而且均高于第四种，则为三种气质类型的混合型。

四种气质类型具有如下典型特征：

胆汁质——直率热情，精力旺盛，脾气急躁，情绪兴奋性高，容易冲动，反应迅速，心境变化剧烈，具有外倾性。如果你是胆汁质型，说明你精力充沛，生气勃勃，是一个积极向上的人，但情绪暴躁，易于激动，容易感情用事，在人际交往时应沉着冷静，善于控制自己的情绪，做到果敢、率直，但不急躁。

多血质——活泼好动，反应灵敏，乐于交往，注意力易转移，兴趣和情绪多变，缺乏持久力，具有外倾性。如果你是多血质型，说明你表情丰富，动作敏捷，是个活泼爱动的人，但情绪多变，做事相对轻率。在人际交往时应努力表现灵活、亲切、机敏的一面，尽量避免浮躁。

黏液质——安静，稳重，沉着，反应缓慢，沉默寡言，三思而后行，不容易外露，注意力稳定而较难转移，善于忍耐，偏内倾型。如果你是黏液质型，说明你有沉着、坚毅、冷静的优点，但也有着缺乏活力、冷淡等缺点。在人际交往时尽量将自己的情绪调动起来，让他人更多地了解你的内心感受，以便互相交流，达成共识。

抑郁质——情绪体验深刻，行动迟缓，具有较高的感受性，善于观察他人不易注意的细节，富有幻想，胆小孤僻，具有内倾性。如果你是抑郁质型，说明你柔弱易倦，情绪发生慢而强，敏感而富于自我体验，情感深刻稳定，易孤僻。在人际交往时要突破闭锁心理，把自己的深刻体验表述出去，你会发现那又是另一片天空。

我们要明确气质本身没有好坏之分，也不能决定一个人的社会价值和贡献大小。像普希金是典型的胆汁质特征，赫尔森是典型的多血质特征，克雷诺夫有着明显的黏液质特征，而果戈理又有着抑郁质特征，但他们在文学上都取得了非凡的成就。不同的气质类型会影响到人对工作和对他人的态度及方法。

学习评价

以小组为单位，展示各组在本节学习过程的材料及相关成果。根据表1-3，对本节所有的学习活动进行评分。

表1-3

评 价 内 容	分值	评　分		
		自我评价	小组评价	教师评价
对于本节的学习目标是否明确	5			
对于本节课所要求的任务是否完成	10			
学习引导内容的分析是否认真、透彻	15			
自我分析表格填写的完整与透彻程度	20			
趣味自我介绍任务的完成情况	20			
对学习知识部分的内容是否掌握	15			
完成任务的时间安排是否合理	5			
学习过程中的自我认知能力	10			
合计				
综合平均得分				

第二节　了解他人——知人者智

1. 尊重个体差异，学会关心和赞美他人。
2. 学习他人的优点，并且进行自我激励。

学习引导

你了解你的朋友吗

子曰：不患人之不己知，患不知人也。

有两个和尚，分别住在两个相邻的山庙里，他们每天都会在同一时间去山下小溪挑水，久而久之，两个人很快就成了要好的朋友，不知不觉，时间一天天过去了，一晃就是3年。

忽然有一天，左边这座山的和尚没有下山挑水，右边那座山的和尚就想："每天做功课很累，他大概睡过头了。"可是一个月过去了，还是没有见他，右边那座山的和尚就按捺不住决定去看看他。

当他来到左边这座山的时候，大吃一惊，因为他的老朋友正在庙前打太极，丝毫不像一个月没喝水的人。他便好奇地问："你这一个月是怎么喝水的？"

左边这座山的和尚朝后院方向指了指，说："这3年来，我每天做完功课后都会抽空挖这口井。"

问题1：这则故事告诉我们什么道理？

_____

_____

问题2：你通过什么方式了解你的朋友？你从朋友身上都学到了什么？

_____

_____

_____

一个女生的自白

某职校2009级一位女生曾自诉自己的心情处在低落状态，影响学习和生活。她说：作为女孩，我不如别人漂亮；作为学生，我成绩平平；我没有什么爱好和特长，在宿舍中，大家有说有笑的，我却插不上什么话；我的家庭条件不如他们；不会打扮自己，不会交朋友，好像什么都不会。学习不好，玩也不会，我感觉自己一无是处。

问题1：你认为这位女生对自己的评价和描述正确吗？为什么？

_____

_____

_____

问题2：如果你身边也有这样的同学和朋友，你会怎么做？

_____

_____

_____

能力训练

1. 任务描述

根据班级人数随机分成6～8人一组，完成"优点轰炸"活动，时间在20～30分钟。活动结束后，按照要求分享心得并学习他人身上的优点。

2. 任务目标

1)提高学生观察他人和理解他人的能力。

2)学习他人优点，提高自我激励的能力。

3. 任务规则

1)分组进行，每个同学都要积极发言。

2)每位同学发言要诚恳，诚实客观地对他人进行评价。

3)在活动过程中，他人发言时要认真倾听，保持安静，不做与活动无关的事情。

4)活动结束后，每位同学写出活动感受和心得，字数200～1 000。

4. 任务实施

(1)分组

按照教师的要求，随机分组围坐成一圈，并选好小组长(表1-4)。

表1-4

组别	组长姓名	成　员

（2）"优点轰炸"活动（表格空间不足可以另附纸）

每位成员轮流作为"被轰炸者"，其他成员作为"轰炸者"，尽可能列举"被轰炸者"身上的优点，小组长负责相应记录（表1-5）。

表 1-5

"被轰炸者" "轰炸者"						
1.						
2.						
3.						
4.						
5.						
6.						
7.						
8.						
优点总汇						

（3）各组间交流"优点轰炸"结果

每个小组派一名代表介绍本小组的"优点轰炸"结果，并介绍本小组评选出的"优点轰炸"最客观的组员（表1-6）。

表 1-6

当选者	组别	理由

5. 任务反馈

每位组员根据小组内其他成员参加活动的情况以及表现出对他人的了解能力，进行优、良、中、差的评定(非公开式)(表 1-7)，请在相应的表格中打"√"。

表 1-7

成绩　　姓名	优		良		中		差	
	活动参与表现	了解他人能力	活动参与表现	了解他人能力	活动参与表现	了解他人能力	活动参与表现	了解他人能力

知识拓展

对不太熟悉的人，如果想要在短期内尽量多地了解他的性格和心理，就需要特别注意观察其非言语的行为。这种能力在与人交流中是相当重要的。我们可以从以下几方面提升观察、了解他人的技巧。

1. 通过寒暄了解对方

寒暄是人们相见开始时最常用的方式，虽然只是短短的一瞬间，但如果仔细观察，仍然有助于了解对方：

(1)表情

眼睛柔和地注视对方，笑容自然放松的人内心从容自信；眼睛睁大直视对方，表情夸张的人有表现欲；目光躲闪、口中忙不迭地问好的人有自卑倾向；目光游离、表情僵硬的人比较傲慢。

(2)握手的力度

握手短促有力的人热情而自信，握手轻飘飘的人心不在焉或缺乏自信，不断地摇晃手臂的人有恭维对方的心理。

(3)手掌的湿度

若对方的手掌潮湿，说明对方的精神处于兴奋状态，心理上处于不平衡状态。

2. 通过视线了解对方

人类从外界得来的信息，有70％来自眼睛。眼睛也最有表现力，有道是"眼睛是心灵的窗户"。因此观察对方的视线有助于了解对方：

1）视线柔和自然的人内心从容自信。

2）视线不停乱动的人心不在焉，或者喜欢算计，善于察言观色。

3）眼神惊恐、不断被对方表情左右的人有自卑感，没有主见，或急于讨好对方。

4）微微低头、视线向上望着对方的人可能有敬畏的心理，抬头向下望着对方则表示傲慢。

5）大睁眼睛直视对方的人如果不是充满敌意，则多半精力充沛，或控制欲强。

3. 通过言谈了解对方

（1）语速

说话一直慢条斯理，突然变得快速急促，往往是因为心中感到不安或恐惧，想迅速把事情说出来以得到解脱。同样的，一直能言善辩，突然变得吞吞吐吐或者一直说话不得要领，突然间滔滔不绝等情况，都要引起注意。

（2）音调

一个人在表达反对意见时，为在气势上压制对方，往往会提高音调；人在激动时，无论是高兴还是生气，也常提高音调。相反，人们在平静、颓丧、沉思时，往往降低音调。

（3）节奏

有自信、心地坦荡、性格乐观的人，说话必然富有节奏感。相反，如果一个人说话经常张口结舌、语无伦次，则多半是缺乏自信或心中有鬼。如果一个人说话有板有眼，说明他对所谈事情清楚明白，立场坚定，不怕对方反驳；相反，匆匆忙忙想要结束谈话，或支支吾吾、语气暧昧的人，多半不愿承担责任，处世圆滑。

4. 通过行为举止了解对方

行为举止是一个人长期以来形成的一种习惯，通过观察一个人的行为举止，有助于了解他的习惯和性格等特征。

（1）手姿

手是最容易表现人的习惯的部位。比如有的人喜欢有意无意地玩弄领带、钢笔、挖鼻孔、抚弄头发、掰关节等，双手总是忙个不停，这样的人不安稳，欠成熟；笑时用手掩住嘴的人有女人气；手势过多过大的人表现欲强，或者思维活跃，急于表达。

（2）坐姿

坐下时两膝靠拢的人，比较内敛拘谨；双腿叉开的人不拘小节；喜欢跷起"二郎腿"的人，控制欲比较强，希望获得优越感；习惯将脚神经质般不停晃动、前伸、跷起的人，比较喜欢引人注意，表达自己"对此事不在意"。

（3）站姿

哈着腰、弓着背望着对方，一个"刘罗锅"似的人，缺乏自信和主见，急于讨好对方；喜欢双手提着包垂在身前，像个侍者一样笔直地站着的人，多半自以为形象不错，而且看重别人对自己的印象。

（4）行姿

走路快、步幅大的人一般是急性子；走路东张西望、慌里慌张的人可能喜欢算计；走路磨磨蹭蹭、总喜欢靠着墙角走路的人是沉默的内向者，或者有自卑倾向；喜欢把手插到裤袋里的人希望引起别人注意。

总之，从非言语的行为中观察一个人，这是我们了解他人的基本功夫。花同样的时间，善于观察的人总会比别人得到更多的信息。

学习评价

以小组为单位，展示各组在本节学习过程的材料及相关成果。根据表1-8，对本节所有的学习活动进行评分。

表 1-8

评价内容	分值	评　分		
		自我评价	小组评价	教师评价
对于本节的学习目标是否明确	5			
学习引导内容的分析是否认真、透彻	15			
"优点轰炸"任务参与积极性及资料的完整性	30			
学习过程中心得体会是否深刻	20			
学习知识部分的内容是否掌握	20			
学习过程中表现出认识他人的能力	10			
合计				
综合平均得分				

自我时间管理

第一节 把握时间——青春无悔

1. 了解时间的重要性。
2. 学会分配好自己的时间。

学习引导

谁扛走了富翁的"箱子"

一位富翁买了一幢豪华的别墅。从他住进去的那天起，每天下班回来，他总看见有个人从他的花园里扛走一只箱子，装上卡车拉走。

他来不及叫喊，那人就走了。这一天他决定开车去追。那辆卡车走得很慢，最后停在城郊的峡谷旁。

陌生人把箱子卸下来扔进了山谷。富豪下车后，发现山谷里已经堆满了箱子，规格式样都差不多。

他走过去问："刚才我看见你从我家扛走一只箱子，箱子里装的是什么？这一堆箱子又是干什么用的？"

那人打量了他一番，微微一笑说："你家还有许多箱子要运走，你不知道？这些箱子都是你虚度的日子。"

"什么日子？"

"你虚度的日子。"

"我虚度的日子?"

"对。你白白浪费掉的时光、虚度的年华。你朝夕盼望美好的时光,但美好时光到来后,你又干了些什么呢?你过来瞧,它们个个完美无缺,根本没有用,不过现在……"

富豪走过来,顺手打开了一只箱子。

箱子里有一条暮秋时节的道路。他的未婚妻踏着落叶慢慢走着。

他打开第二只箱子,里面是一间病房。他的弟弟躺在病床上等他回去。

他打开第三只箱子,原来是他那所老房子。他那条忠实的狗卧在栅栏门口眼巴巴地望着门外,已经等了他两年,骨瘦如柴。富豪感到心口绞疼起来。陌生人像审判官一样,一动不动地站在一旁。富豪痛苦地说:"先生,请你让我取回这三只箱子,我求求您。我有钱,您要多少都行。"

陌生人做了个根本不可能的手势,意思是说:"太迟了,已经无法挽回。"说罢,那人和箱子一起消失了。

资料来源:陈勇. 江淮晨报,2010 年 12 月 31 日.

问题:这个故事告诉我们什么道理?对曾经发生的事情,你最后悔的是什么?

_____

_____

_____

爱迪生讲究方法节省时间

爱迪生在和助手一起工作的时候,经常对助手说:"浪费,最大的浪费莫过于浪费时间了。""人生太短暂了,要多想办法,用极少的时间办更多的事情。"

一天,爱迪生在实验室里工作,他递给助手一个没上灯口的空玻璃灯泡,说:"你量量灯泡的容量。"他又低头工作了。过了好半天,他问:"容量多少?"他没听见回答,转头看见助手拿着软尺在测量灯泡的周长、斜度,并拿了测得的数字伏在桌上计算。他说:"时间,时间,怎么费那么多的时间呢?"爱迪生走过来,拿起那个空灯泡,向里面斟满了水,交给助手,说:"里面的水倒在量杯里,马上告诉我它的容量。"助手立刻读出了数字。

爱迪生说:"这是多么容易的测量方法啊,它又准确,又节省时间,你怎么想不到呢?还去算,那岂不是白白地浪费时间吗?"助手的脸红了。

爱迪生喃喃地说:"人生太短暂了,太短暂了,要节省时间,多做事情啊!"

资料来源:木子. 河南科技报,2000 年 8 月.

问题:生活中你是否做过事倍功半的事情?再遇到类似事情,是否有改进方法?

_____

_____

_____

_____

能力训练

1. 任务描述

以小组为单位分别讨论、填写有关生活、工作、学习的日、周、月时间表格，并在班级中进行展示。选取最佳表格当做模板，每位同学填写具体内容，然后粘贴在班级公告栏里，以小组为单位进行监督。

2. 任务目标

1）提高动手和思考能力。
2）提高时间分配的能力。

3. 任务规则

1）每位学生按照教师的要求填写时间表格，时间限定在 20 分钟内。
2）要结合自己现状客观实际地填写。

4. 任务实施

（1）时间表格

个人参考已给出的表格，在 A4 纸上结合自己实际情况设计出个人的一份日、周、月时间表格（表 2-1～表 2-3）。

表 2-1

日计划

时间	任务	任务举例
上午	6：00～7：00	起床 跑操 晨读
	7：00～8：00	吃饭
	8：00～10：00	第一、二节课
	10：00～10：20	课间操
	10：20～12：00	第三、四节课
中午	12：00～13：10	休息
下午	13：10～15：10	第五、六节课
	15：10～17：00	锻炼身体、参加社团活动
	17：00～18：00	晚餐
晚上	18：00～20：00	自习学习
	20：00～21：00	宿舍娱乐与素质拓展
	21：00～22：00	洗漱/反省

表 2-2

周计划

第 周

目 标 星 期	
一	
二	
三	
四	
五	
六	
日	

表 2-3

月计划

＿＿＿＿月　总目标：1.

2.

3.

	星期一	星期二	星期三	星期四	星期五	星期六	星期日
日期					1	2	3
目标							
日期	4	5	6	7	8	9	10
目标							
日期	11	12	13	14	15	16	17
目标							
日期	18	19	20	21	22	23	24
目标							
日期	25	26	27	28	29	30	
目标							

（2）个人按照时间表格模板填写自己的任务计划

个人按照时间表格，客观地填写日、周、月计划。

（3）张贴个人任务计划时间表格

在班级的墙上设计张贴栏，张贴同学们的时间计划表，每组派一名代表对其任务完成情况进行监督（表2-4）。

表 2-4

组别	小组任务监督代表	任务完成情况

5. 任务反馈

一个月后各组组长根据时间表格的内容与实际情况，评定组内成员的任务完成情况及时间管理能力（表2-5）。

表 2-5

成绩 姓名	优		良		中		差	
	任务完成情况	时间管理能力	任务完成情况	时间管理能力	任务完成情况	时间管理能力	任务完成情况	时间管理能力

知识拓展

1. 时间管理的含义

时间管理（Time Management）就是用技巧、技术和工具帮助人们在一定时间内完成工作，实现目标。时间管理并不是要把所有事情做完，而是更有效地运用时间。时间管理的目的除了要决定你该做些什么事情之外，另一个很重要的目的也是决定什么事情不应该做；时间管理不是完全地掌控，而是降低变动性。时间管理最重要的功能是通过事先的规划，作为一种提醒与指引。

2. 有效利用时间，拒绝干扰

有人统计过，一个人如果活 72 岁，平均起来，他的时间分配情况大约是：睡觉 20 年，学习、工作 14 年，文娱、体育 8 年，吃饭 6 年，坐车、走路 5 年，化妆、打扮 5 年，聊天 4 年，看书 3 年，等人 3 年，生病 3 年，打电话 1 年。不算不知道，一算吓一跳！这个统计的确让人触目惊心，原来我们的一生当中竟有那么多宝贵的时间是浪费在毫无意义的事情上。

国外的统计数据指出，人们在工作中，平均每 10 分钟会受到 1 次干扰，每小时大约 6 次，每天大约 50 次。平均每次打扰大约是 5 分钟，每天大约 4 小时，其中，80%（约 3 小时）的干扰是没有意义或者极少有价值的。同时，人被干扰后重拾原来的思路平均需要 3 分钟，每天总共大约 2.5 小时。这样，每天因干扰而产生的时间损失约为 5.5 小时，按 8 小时工作计算，这占了工作时间的 68.7%。以下 8 条是拒绝外界干扰的基本技巧。

1）用制度拒绝干扰。利用规章制度拒绝干扰是非常有效的，一般单位在工作时间里，会用各种规章制度来限定员工的行为，如不许串岗、不许聊天闲谈等，都可以限制干扰。比如，你正在上班时间，你的朋友打电话找你过去帮忙，你就可以说，公司有规定上班时间不能擅自离岗。

2）不要使用"挡箭牌"。我们经常听到这样的拒绝："还没有考虑好""等一等再说""研究研究再说"等，这样的推托言辞不明不白，效果并不好。对方很容易看出你在使用"挡箭牌"对付他。

3）拒绝时保持和颜悦色或夹带赞赏。必要时可以在拒绝中夹带表扬或赞赏。人们往往有这样一种心理，当听到别人的赞赏时，再去听不愉快批评或拒绝的话，更容易接受。

4）拒绝的态度要坚决果断。不能犹豫不定，不能左顾右盼。你一旦决定拒绝别人，就要坚决果断。一旦给人家"犹抱琵琶半遮面"的感觉，对方就会感到你的立场并不坚定，他认为还有希望，就会继续对你软磨硬泡。

5）在拒绝中争取主动的地位。拒绝时，要简明地说出拒绝的理由，说话时节奏要慢一些，让对方充分听懂，讲完后，你要做到不露声色，最好沉默不语，保持平静可以使你处于主动的地位。

6）拒绝时要避免争吵。在拒绝时，如果出现对方要与你争辩，怎么办？这时千万要注意，对于他的抱怨或不满，你可以倾听，你可以反复说明，你也可以沉默不语，甚至你可以躲开暂时不听，等他情绪平静下来以后，你再来听，但绝不可以与之争辩。

7）拒绝时要坚持"对事不对人"。在拒绝中把握"对人尊重、对事拒绝"这个技巧，我们应该学一学日本人，他们在谈判时，拒绝通常是坚决的、有力的，但拒绝的同时，必然伴随不断的鞠躬和道歉，这样就给对手一个感觉，就是他的拒绝是迫不得已的，而且完全是对事的，对人没有丝毫不尊重的意思。

8)拒绝后附带提出建设性的意见。拒绝之后，如有可能，你最好站在对方的角度想一想，可以向对方提供一些建设性的意见。这样，可以让对方觉得你拒绝他是不得已的。这些建议的提出可以淡化因为你拒绝而产生的不良气氛，让他感到人情味和被尊重。

3. 李开复关于有效利用时间的建议

如何有效率地利用时间呢？著名的管理者李开复有下面几个建议：

1)做真正感兴趣、与自己人生目标一致的事情。李开复曾经说过：我发现我的"生产力"和我的"兴趣"有着直接的关系，而且这种关系还不是单纯的线性关系。如果面对我不感兴趣的事情，我可能会花掉40%的时间，但只能产生20%的效果；如果遇到我感兴趣的事情，我可能会花100%的时间而得到200%的效果。要在工作上奋发图强，身体健康固然重要，但是真正能改变你的状态的关键是心理而不是生理上的问题。真正地投入到你的工作中，你需要的是一种态度、一种渴望、一种意志。

2)做好记录，知道你的时间是如何花掉的。挑一个星期，每天记录下每30分钟做的事情，然后做一个分类（如读书、准备和朋友聊天、社团活动等）和统计，看看自己什么方面花了太多的时间。凡事想要进步，必须先理解现状。每天结束后，把一整天做的事记下来，每15分钟为一个单位（如1:00～1:15等车，1:15～1:45搭车，1:45—2:45与朋友喝茶……）。在一周结束后，分析一下，这周你的时间如何可以更有效率地安排？是否活动占太大的比例？有没有方法可以增加效率？

3)使用时间碎片和"死时间"。如果你做了上面的时间统计，你一定会发现每天有很多时间流逝掉了，如等车、排队、走路、搭车等，可以用来背单词、打电话、温习功课等。现在随时随地都能上网，所以没有任何借口再发呆一次。我前一阵和同事一起出差，他们都很惊讶为什么我和他们整天在一起，但是我的电子邮件都可以及时回答？后来，他们发现，当他们在飞机和汽车上聊天、读杂志和发呆的时候，我就把电子邮件全回了。重点是，无论自己忙还是不忙，你要把那些可以利用时间碎片做的事先准备好，到你有空闲的时候有计划地拿出来做。

4)要事为先。每天一大早挑出最重要的三件事，当天一定要能够做完。在工作和生活中每天都有干不完的事，唯一能够做的就是分清轻重缓急。要理解急事不等于重要的事情。每天除了办又急又重要的事情外，一定要注意不要成为急事的奴隶。有些急但是不重要的事情，你要学会放掉，要能对人说"No"！而且每天这三件事里最好有一件重要但是不急的，这样才能确保你没有成为急事的奴隶。

5)要有纪律。有的年轻人会说自己"没有时间学习"，其实，换个说法就是"学习没有被排上优先级次序"。曾经有一个教学生做时间管理的老师，他上课时带来两个大玻璃缸和一堆大小不一的石头。他做了一个实验，在其中一个玻璃缸中先把小石、沙倒进去，最后大石头就放不下了。而另一个玻璃缸中先放大石头，其他小石和沙却可以慢慢渗入。他以此比喻说："时间管理就是要找到自己的优先级，若颠倒顺序，一堆琐事占满了时间，重要的事情就没有空位了。"

6）运用 80％～20％ 原则。人如果利用最高效的时间，只要 20％ 的投入就能产生 80％ 的效率。相对来说，如果使用最低效的时间，80％ 的时间投入只能产生 20％ 效率。一天头脑最清醒的时候，应该放在最需要专心的工作上。与朋友、家人在一起的时间，相对来说，不需要头脑那么清醒。所以，我们要把握一天中 20％ 的最高效时间（有些人是早晨，也有些人是下午和晚上；除了时间之外，还要看你的心态，血糖的高低、休息是否足够等综合考量），专门用于最困难的科目和最需要思考的学习上。许多同学喜欢熬夜，但是晚睡会伤身，所以还是尽量早睡早起。

7）平衡工作和家庭。对于家庭的时间分配可以参考下列原则：

划清界限、言出必行——对家人做出承诺，而且一定要做到，但是希望其他时间得到谅解。制定较低的期望值以免造成失望。

忙中偷闲——不要一投入工作就忽视了家人，有时 10 分钟的体贴比 10 小时的陪伴更受用。

闲中偷忙——学会怎么利用时间碎片。例如：家人没起床的时候，你就可以利用这段空闲时间去做你需要的工作。

注重有质量的时间——时间不是每一分钟都是一样的，有时需要全神贯注，有时坐在旁边上网就可以了。要记住家人平时为你牺牲很多，度假、周末是你补偿的机会。

学习评价

以小组为单位，展示各组在本节学习过程的材料及相关成果。根据表 2-6，对本节所有的学习活动进行评分。

表 2-6

评 价 内 容	分值	评 分		
		自我评价	小组评价	教师评价
对于本节的学习目标是否明确	5			
学习引导内容的分析是否认真、透彻	15			
时间表格填写的完整性	25			
时间表格中任务完成情况	25			
学习知识部分的内容是否掌握	15			
任务资料是否完整	5			
学习过程中的自我时间管理能力	10			
合计				
综合平均得分				

第二节 珍惜时间——分秒必争

学习目标

1. 掌握时间管理的方法。
2. 学会珍惜时间，热爱生活。

学习引导

罐子满了吗

在一次上时间管理的课上，教授在桌上放了一个装水的罐子，然后又从桌子下面拿出一个大约拳头大小、正好可以从罐口放进罐子的鹅卵石，当教授把石块放完后，问他的学生道："你们说这罐子是不是满的？""是。"所有的学生异口同声地回答说。"真的吗？"教授笑着问，然后再从桌底下拿出一袋碎石子，把碎石子从罐口倒下去摇一摇，再加一些，于是再问他班上的学生："你们说，这罐子现在是不是满的？"这回他的学生不敢答得太快。最后，班上有位学生怯生生地细声答道："也许没有满"，"很好！"教授说完后，又从桌下拿出一袋沙子，然后把沙子慢慢倒进罐子，倒完后再问班上的学生："现在你们告诉我，这个罐子是满的呢，还是没满？""没有满。"全班同学这下学乖了，大家都很有信心地回答说。"好极了！"教授再一次称赞这些学生们。称赞完了后，教授从桌子底下拿出一大瓶水，把水倒在看起来已经被鹅卵石、小碎石沙子填满了的罐子。当这些事都做完后，教授正色地问他班上的同学："我们从上面这些事情学到了什么重要的功课？"

资料来源：佚名. 机会是有顺序的. 经济管理者，2007(08).

问题1：通过上面的材料，你得到什么启示？

_____

_____

问题2：青春是短暂的，如何才能做到分秒必争？

_____

_____

北京统一食品的夺奖计划时间安排表

北京统一食品正面临着新一代的低端袋面的上市，在全国开展铺货竞赛，同时进行主打产品小浣熊干脆面的换卡促销活动（"小浣熊"主要靠面袋内赠送的精美卡片吸引中小学生）。当区域刘经理宣布完公司的决策之后，所有的K/A组业务代表都是一片唏嘘声，大家都认为在公司规定的时间内完成两项工作是不可能的。刘经理面带微笑吩咐文员小李给大家发了一张《夺奖计划时间安排表》。

6:00，到附近的早市去作展售。到的时候，公司的厢式货车和两位住在附近的同事已经到位。

7:10，和两位同事一起帮助汽车驾驶人布置好展售的工具后，早餐。

7:30，迅速奔赴附近的小学开展小浣熊换卡的宣传和卡片兑奖活动。

7:50，赶到分公司开早会，准备拜访客户要带的POP和活动用的奖品、宣传品。

8:30，奔赴各自区域，开展正常的业务拜访。

11:20，和两位负责邻近区域的同事集中在某学校门口，开始搞活动。

12:30，和两位同人一起午餐，休息。

13:30，和两位负责邻近区域的同事集中在第三所学校门口，开始搞活动。

14:00，赶回各自区域，开始进行正常的业务拜访。

16:30，赶到当天的第四所学校，开始活动。

18:00，回分公司交单、总结、开会。

同时，在周六、周日的时候，财务人员还配合K/A组的同事，积极开展大型商场的促销活动，而所有的业务代表则同仓管组的同事联手开展社区展售。

在一个月的时间里，零售组八位业代和K/A组的三位业务代表加上公司其他人员的配合。在正常业务拜访之外，共计搞了商场促销24场，集市和社区展售38场，学校活动115场。高密度的地面宣传，有力地保证了新品铺市的顺利进行和"小浣熊"系列卡片的成功切换。最终拿了全国铺货银奖。

问题：是什么保证了北京统一食品的K/A组这项活动顺利完成并取得优异成绩？

_____

_____

_____

🌸 能力训练

1. 任务描述

以小组为单位，采用"头脑风暴"尽可能地列举自己听到、看到或者实践过的时间管理方法；小组选出代表发言，论证自己小组列举的时间管理方法可行有效。

2. 任务目标

1)训练学生总结归纳能力。

2)帮助学生掌握时间管理方法。

3. 任务规则

1)班级按照教师要求分成 4～8 人的小组，以小组"头脑风暴"总结时间管理的方法，时间在 20 分钟内。

2)小组代表发言的论证内容必须围绕时间管理进行。

3)时间管理有效方法数目和小组代表发言情况纳入小组考核。

4. 任务实施

（1）以小组为单位列举自己的时间管理方法

在 20 分钟之内，看哪个小组列举的时间管理方法最多、最有效，并且用的时间最少（表 2-7），可以利用网络查询。

表 2-7

组员姓名	时间管理方法
	1. 2. 3.
	1. 2. 3.
	1. 2. 3.
	1. 2. 3.
	1. 2. 3.
	1. 2. 3.

（2）小组展示讨论结果

每组派出代表展示小组内讨论结果，并且进行适当的论证。最后由各组投票解决哪种方法最好、最有效（表 2-8）。

表 2-8

组别	有效的时间管理方法	论据	支持率
	1.		
	2.		
	3.		
	1.		
	2.		
	3.		
	1.		
	2.		
	3.		
	1.		
	2.		
	3.		
	1.		
	2.		
	3.		
	1.		
	2.		
	3.		

5.　**任务反馈**

由组长和教师共同填写活动评价表格，以优、良、中、差来表示（表 2-9）。

表 2-9

组别　项目	时间管理方法个数	展示论证水平	小组成员参与度	总评

知识拓展

1. 时间的重要性

按照 2001 年的数据,中国人均预期寿命为 71.8 岁。按照这个岁数计算,人的一生能活 $71.8 \times 365 = 26\ 207$ 天。

按照收入不同,时间价值可参考表 2-10。

表 2-10

年收入/万元	每年工作时间/天	每天工作时间/小时	每天价值/元	每小时价值/元	每分钟价值/元
2	254	8	78.74	9.84	0.16
4	254	8	157.48	19.68	0.33
6	254	8	236.22	29.52	0.48
8	254	8	314.96	39.36	0.66
10	254	8	393.70	49.20	0.80

请你自己预计一下工作以后的年收入,计算一下自己工作每分钟的价值。计算完之后你是否觉得时间等于金钱,时间等于生命?

2. 时间管理四象限法

时间"四象限"法是美国管理学家科维提出的一个时间管理的理论,把工作按照重要和紧急两个不同的程度进行了划分,基本上可以分为四个"象限":既紧急又重要(如客户投诉、即将到期的任务、财务危机等)、重要但不紧急(如建立人际关系、人员培训、制定防范措施等)、紧急但不重要(如电话铃声、不速之客、部门会议等)、既不紧急也不重要(如上网、闲谈、邮件、写博客等)。按处理顺序划分:先是既紧急又重要的,接着是重要但不紧急的,再到紧急但不重要的,最后才是既不紧急也不重要的。具体说明如下:

(1)第一象限是重要又急迫的事

举例:应付难缠的客户、住院开刀、职业技能考试等。

第一象限的内容考验我们的经验、判断力,也是可以用心耕耘的园地。很多重要的事都是因为一拖再拖或事前准备不足,而变成迫在眉睫。

(2)第二象限是重要但不紧急的事

举例:主要是与生活品质有关,包括长期的规划、问题的发掘与预防、参加技能培训、向上级提出问题处理的建议等事项。

实践证明多投入一些时间在这个领域有利于提高实践能力,缩小第一象限的范围。做好事先的规划、准备与预防措施,很多急事将无从产生。

（3）第三象限是紧急但不重要的事

举例：电话、会议、突来访客都属于这一类。

表面看似第一象限，因为迫切的呼声会让我们产生"这件事很重要"的错觉——实际上就算重要也是对别人而言。我们花很多时间在这个里面打转，自以为是在第一象限，其实不过是在满足别人的期望与标准。

（4）第四象限是不紧急也不重要的事

举例：阅读令人上瘾的无聊小说、毫无内容的电视节目、办公室聊天等。

简而言之，就是浪费时间浪费生命的部分，所以根本不值得花半点时间在这个象限。但我们往往在第一、第三象限来回奔走，忙得焦头烂额，不得不到第四象限去疗养一番再出发。这部分范围倒不见得都是休闲活动，因为真正有创造意义的休闲活动是很有价值的。然而像阅读令人上瘾的无聊小说、毫无内容的电视节目、办公室聊天等，这样的休息不但不是为了走更长的路，反而是对身心的毁损，刚开始时也许有滋有味，到后来你就会发现其实是很空虚的。

3.　时间管理应注意的三个问题

（1）重视时间资源

时间是每个人人生中最重要的资源，如果自己对自己的时间一点儿不重视，那么本身就在浪费自己的资源；在观念上如果没有很好去重视时间，那么在人生成功的战略上，他已经输给了别人。因此，我们首先要重视时间，时间其实对每个人来讲，也是一种稀缺的资源。每天只有 24 小时，每小时都只有 60 分钟，如何去利用这宝贵的时间去充实自己的人生，为自己的成功铺路，值得去思考。

（2）科学和有规律地利用时间

我们思考一下，我们每天的时间都花在哪了？再分析一下花在这些方面的时间对自己是否有价值？是否充实了自己，在为自己的成功铺路？摒弃不良的浪费习惯，在有限的时间内学习和锻炼对自己有用的东西，是否更有价值？

现在经常听到一些朋友在说"好无聊""没意思"之类的话，当说这些话的时候，可以想想，这是什么原因造成的呢？首先的一个原因就是自己没有目标。如果排除了第一个原因，那么第二个原因就是没有建立起时间管理的概念。

时间应该花在应该花的地方，对于对自己没有用的，那么就果断地摒弃。或者又有人说了，这样的生活多么没意思。这样讲是错误的，因为奋斗的人本身就是快乐的，当朝着自己的目标前进的时候，自己获得的自我满足感是其他体验所无法替代的。

（3）劳逸结合，追求效率

在充分利用时间的情况下，还要注意科学的时间搭配，充分了解我们的大脑工作机制。不能一味地疯狂劳动或者学习。要追求效率，在有限的时间内达到效率最大化。

工作中经常有些人，工作很卖力，做得勤勤恳恳，但是最后提拔的时候却没有他们。为什么？其中一个主要的原因就是没有注意效率。单位时间内做的有用功达到一个相当的数值，才能体现自身的能力。庸碌者碌碌无为的最大原因就是效率低下，结果造成自己做得很累，也没有得到别人的认可。得到的最多只有同情。

时间管理上，具体的做法，只有在生活和工作中慢慢体会。珍惜每个可以利用的时间，让自己在有限的时间内达到充分的进步，那么你就成功了一半。

4. 时间管理能力测试

时间对每一个人来说，都是有限的。只有善于管理时间的人，才能让有限的时间发挥最大的效益。事实上，任何一个成功者，都是时间管理的高手。接下来我们进行一下小测试，看看你的时间管理能力如何。

1)每天都留出一点时间，以供做计划和思考工作如何开展。

2)做有书面的，明确的远期、中期、近期计划，并经常检查计划执行情况。

3)热爱所做的工作，并保持积极的心态。

4)把每天要办的事情按重要程度排序，并尽量先完成重要的。

5)在一天工作开始前，已经计划好当天的工作次序，并经常检查计划执行情况。

6)用工作成绩和效果来评价自己，而不单纯以工作量来评价自己。

7)把工作的注意力集中在目标上，而不是集中在过程上。

8)每天都在向人生的中期、远期目标迈进。

9)习惯以小时工资来计算自己的时间，浪费时间会后悔。

10)合理利用上、下学途中的时间。

11)留出足够的时间，以便处理危机和意外事件。

12)在获得关键性资料后马上进行决策。

13)将挑战性工作和例外性工作都授权给他人处理。

14)注意午饭的食量，避免下午打瞌睡。

15)采取某些措施以减少无用资料和刊物占有你的时间。

16)有效地利用下级协助，使自己获得充裕的时间，同时避免浪费他人时间。

17)你认为时间很宝贵，所以从不在对失败的懊悔和气馁上浪费时间。

18)尽可能早地终止那些毫无收益的活动。

19)随身携带一些书籍和空白卡片，以便在排队等待时间里随时阅读或记录心得。

20)养成了凡事马上行动，立即做的习惯。

21)尽量对每一种工作只做一次处理。

22)善于应用节约时间的各种工具。

23)当天工作结束时，总要检查一下哪些工作没有按原计划进行，并分析原因，寻找补救方法。

24)将重要的工作安排在你工作效能最佳的时间做。

25)定期检查自己的时间支配方式，以确定有无各种时间浪费的情形。

【评价标准】

以上各题，回答"是"得1分，回答"否"得0分。

如果总得分为21～25分，说明你的时间管理能力很强。

如果总得分为16～20分，说明你的时间管理能力一般，有待进一步提高。

如果总得分在16分以下，说明你的时间管理能力很弱，有待大力提升。

学习评价

以小组为单位，展示各组在本节学习过程的材料及相关成果。根据表2-11，对本节所有的学习活动进行评分。

表 2-11

评 价 内 容	分值	评 分		
		自我评价	小组评价	教师评价
对于本节的学习目标是否明确	5			
学习引导内容的分析是否认真、透彻	15			
能力训练中的时间管理方法是否掌握	30			
学习知识部分的内容是否掌握	20			
学习过程的人员分工是否合理	10			
学习过程中任务材料是否完整	10			
学习过程中的自我时间管理能力	10			
合计				
综合平均得分				

第三章

自我学习管理

第一节 学习动机——端正态度

学 习 目 标

1. 端正学习动机，主动进行学习。
2. 能用积极的学习动机激励自己，注重学习过程。

学习引导

你在为谁而"玩"

一群孩子在一位老人家门前嬉闹，叫声连天。几天过去，老人难以忍受，于是，他出来给了每个孩子 25 美分，对他们说："你们让这儿变得很热闹，我觉得自己年轻了不少，这点钱表示谢意。"

孩子们很高兴，第二天仍然来了，一如既往地嬉闹。老人再出来，给了每个孩子 15 美分。他解释说，自己没有收入，只能少给一些。15 美分也还可以吧，孩子仍然兴高采烈地走了。

第三天，老人只给了每个孩子 5 美分。

孩子们勃然大怒，"一天才 5 美分，知不知道我们多辛苦！"他们向老人发誓，他们再也不会为他玩了！

问题1：寓言中的孩子开始为"谁"玩，后来又为"谁"玩？

_____

_____

问题2：这则寓言告诉我们什么道理？

_____

_____

_____

小辉怎么了

李小辉不爱学习，他讨厌学习，甚至对学习恨之入骨。

他为何如此讨厌上学？

因为他考试总是不及格。物理不及格，数学也不及格。而且，数学老师还用鲜艳的粗笔在他的试卷上批道："卷面潦草，思维混乱，简直不是人写的！"

他也很想争第一，却又认为自己怎么也无法争到第一。说起从前，他也有过辉煌的学习成绩：小学连续三年被评为"三好学生"，在市"希望杯"竞赛中获过二等奖，小学毕业被保送到初中。然而，升入初中后的第一次摸底测验，他只排在第21名，从此，李小辉便丧失了自信心，连他最擅长的数学也爱听不听，作业也马马虎虎——因为他再也不是第一！

问题1：你是否有过和小辉一样的经历？如果有，请描述一下你的经历。

_____

_____

_____

问题2：你上技工院校学习的目的是什么？

_____

_____

_____

问题3：你对学习是否感兴趣？为什么？

_____

_____

🔧 能力训练

1. 任务描述

按照教师的要求分好小组，小组内分配任务编写问卷，进行本专业学习动机调查，写出调查结果，总结出本专业学生中积极的学习动机和消极的学习动机。

2. 任务目标

1)培养学生调查分析能力。

2)了解积极学习动机的作用。

3. 任务规则

1)班级按照教师要求分成4～8人的小组,以小组为单位设计动机调查问卷,时间在20分钟内。

2)小组内分配好任务,积极开展调查,调查对象限定在本专业的同学。

3)调查结果总结要实事求是。

4)整个调查过程由教师和同学监督,将学生表现纳入平日成绩考核。

4. 任务实施

(1)确定人员分工

任务实施过程中要明确分工任务,组长要调动组员的积极性,充分表达不同意见,形成职责清晰的任务分工表(表3-1)。

表 3-1

组员姓名	负 责 工 作

(2)撰写调查方案

掌握问卷调查的设计要领,依据调查的目的,合理编写调查内容。

调查方案

1)调查目的介绍。

2)调查问卷设计(可以是选择题,也可以是问答题;可以采用问卷形式也可以采用访谈形式)例如:你为什么选择这个专业?或者,你学习这个专业动力来自谁?

你怎么看待你的专业？

你喜欢你现在的专业吗？为什么？

对于专业课程你课后花多少时间进一步学习或巩固？

专业学习成绩不够优秀，你怎么看待这种情况？

为了学好专业，你都采取哪些方法？

……

3）调查结果分析。

4）专业学习中应该有哪些积极的学习动机？

（3）调查汇总

1）调查的专业是什么？分别作了多少份问卷？

2）对调查问卷进行统计分析（可以采用多种统计方法）。

3）调查发现本专业学生中的积极学习动机和消极学习动机有哪些？

（4）小组代表发言总结本专业应该有的积极学习动机

小组1：

小组2：

小组 3：_____

_____

_____

小组 4：_____

_____

_____

小组 5：_____

_____

_____

5. 任务反馈

对于调查任务完成情况进行小组内成员之间互评和教师评价（表 3-2）。

表 3-2

被评价的学生姓名：_____

项　　目	组员评价	教师评价
作为学生调查员，调查时的态度是否亲切		
调查前的准备工作是否充分		
调查实施过程是否科学		
对专业的学习动机总结是否科学		

知识拓展

1. 学习动机的含义

学习动机是指学生个体内部促使其从事学习活动的驱动力。学习动机反映着学生的某种需要，它推动学生进行一定的学习活动以满足这种需要。学习动机一般表现为强烈的求知愿望，对未知世界的好奇心及兴趣，认真积极的学习态度等。

2. 学习动机的种类

根据不同的特点，学习动机也可以分为不同的种类。

1）根据学习动机的内容指向可分为直接性学习动机和间接性学习动机。

直接性学习动机直接指向学习活动本身，是由对学习的直接兴趣以及对学习活动的直接结果的追求所引起的；间接性学习动机则是与社会意义相联系的动机，是社会要求在学习上的反映。

2）根据学习动机在学习活动中所起作用的不同，可将之区分为主导性学习动机和辅助性学习动机。

主导性学习动机是指一个学生的几种学习动机中起主导作用的学习动机；辅助性学习动机则是在几种学习动机中不占主导地位的学习动机。辅助性学习动机有的能促进主导性学习动机，因而会与主导性学习动机同时并存；有的则不能促进主导性学习动机，因而会被抑制甚至完全被克服掉。

3）根据学习动机的来源，又可将之划分为内部动机和外部动机。

学习的内部动机来源于学生自身的兴趣、爱好等，它较为持久，且使学习者处于一种主动积极的学习活动状态。学习的外部动机则是由外界的诱因所决定的，它往往较为短暂，受这种学习动机所推动的学习活动也往往处于一种被动状态。

3. 学习动机与学习的关系

一般来讲，没有学习动机便没有学习活动。学习动机是推动学生进行一定的学习活动的内部力量。它在学生学习活动中的作用主要表现在以下三个方面。

第一，学习动机决定学习方向。一个学生只有明确了学习的目的和方向，才会进行学习活动。

第二，学习动机决定学习的进程。学生学习动机的强弱直接影响到学习进程的稳定性和持久性。一个有着强烈的学习动机的学生，在学习过程中就会表现出坚强的意志和认真的学习态度。

第三，学习动机影响学习的效果。具有较强学习动机的学生一般成绩较好。

从上面的分析我们已经知道，学习动机对学习有着重要的促进作用。学生想要提高自己的学习成绩，很重要的一个方面就是努力提高自己的学习动机的水平，即激发自己的学习动机。

4. 学习动机的激发

激发学习动机的方法有许多种，根据学习动机形成的特点，可采用以下几种方法来激发和培养学生的学习动机。

1）形成学习需要。一般来讲，学习需要是健康的个体所固有的，重要的是个体要使自己明确意识到这种需要，并进而使这种需要成为促进学习动机产生的直接动因。

2）形成对学习的兴趣。兴趣是人们从事某种活动的强大动力之一。一个人对某些未知事物的强烈兴趣，会推动他产生了解它们的强烈愿望，从而形成学习的动机。

3）创造各种外部条件，满足个体学习的需要和兴趣。这实际上是从动机产生的外在原因——诱因入手，激发学生的学习动机。这些外部条件包括新异的学习环境、浓厚的学习风气以及对学习效果的及时反馈等。这些条件的满足会激发学生的兴趣及学习需要，从而使学生产生较强烈的学习动机。

5. 动机强度与学习效率

耶基斯与多德森的研究表明，各种活动都存在动机的最佳水平。他们根据自己的研究结果提出了著名的耶基斯—多德森法则，即动机的最佳水平随学习内容的性质不同而异。在较容易的学习内容中，工作效率随动机的提高而上升；随着学习内容难度的增加，动机的最佳水平呈逐渐下降的趋势。根据这一法则，我们知道，学习活动也需保持一定的动机水平，只有这样才能有最高的学习效率。

在学校里，我们常常会看到这样一种现象：有一些同学急于提高学习成绩，却总是不能如愿，学习成绩总是处于一个令人不满意的水平上。造成这种状况的原因固然有很多，但一个很重要的原因在于，这些同学过于强烈的学习动机反而降低了他们的学习效率，使他们的学习成绩久久不能如愿。所以，学生在注意激发自己学习动机的同时，也应根据耶基斯—多德森法则的要求，适当调整自己的学习动机的水平，使其达到与学习课程相适宜的最佳水平，以利于最大限度地推动自己的学习。

6. 学习动机测量表

本问卷用于了解学生在学习动机、学习兴趣、学习目标制定上是否存在行为困扰，共由20个题目构成。测验时，请仔细阅读问卷中的每一个题目，并与自己的实际情况相对照。若觉得相符，请在题目后打"√"，不相符合则打"×"。

1) 如果别人不督促你，你极少主动地学习。

2) 当你读书时，需要很长的时间才能提起精神来。

3) 你一读书就觉得疲劳与厌倦，就想睡觉。

4) 除了老师指定的作业外，你不想再多看书。

5) 如有不懂的，你根本不想设法弄懂它。

6) 你常想自己不用花太多的时间成绩也会超过别人。

7) 你迫切希望自己在短时间内就大幅度提高学习成绩。

8) 你常为短时间内成绩没能提高而烦恼不已。

9) 为了及时完成某项作业，你宁愿废寝忘食、通宵达旦。

10) 为了把功课学好，你放弃了许多感兴趣的活动，如体育锻炼、看电影与郊游等。

11) 你觉得读书没意思，想去找个工作做。

12) 你常认为课本的基础知识没啥好学，只有看高深的理论、读大部头作品才带劲。

13) 只在你喜欢的科目努力学习，而对不喜欢的科目放任自流。

14) 你花在课外读物上的时间比花在教科书上的时间要多得多。

15) 你把自己的时间平均分配在各科上。

16) 你给自己定下的学习目标，多数因做不到而不得不放弃。

17) 你给的学习目标经常变化，自己没法确定下来。

18) 你总是同时为实现几个学习目标忙得焦头烂额。

19) 为了对付每天的学习任务，你已经感到力不从心。

20) 为了实现一个大目标，你不再给自己制定循序渐进的小目标。

【记分规则与结果解释】

每个题目若打"√"记1分，若打"×"记0分。

上述20个题目可分成4组，它们分别测查学生在学习欲望上四个方面的困扰程度：

1～5 题测查学生动机是不是太弱；6～10 题测查学生动机是不是太强；11～15 题测查学习兴趣是否存在困扰；16～20 题测查学习目标是否存在困扰。假如被试在某组（每组 5 题）中的得分在 3 分以上，则可认定他们在相应的学习欲望上存在一些不够正确的认识，或存在一定程度的困扰。

学习评价

以小组为单位，展示各组在本节学习过程的材料及相关成果。根据表 3-3，对本节所有的学习活动进行评分。

表 3-3

评价内容	分值	评　分		
		自我评价	小组评价	教师评价
对于本节的学习目标是否明确	5			
学习引导内容的分析是否认真、透彻	10			
学习动机问卷调查过程中参与的积极性	25			
调查研究的分析方法是否掌握	25			
学习知识部分的内容是否掌握	15			
学习过程的人员分工是否合理	5			
调查研究过程中的各种材料是否完整	5			
任务过程中的学习动机是否端正	10			
合计				
综合平均得分				

第二节 学习方法——提高效率

学习目标

1. 能使用合理的学习方法，提高学习效率。
2. 能利用记忆术，提高记忆能力。

学习引导

顾炎武自督读书

"天下兴亡，匹夫有责。"这个家喻户晓的名言，是由明末清初的爱国主义思想家、著名学者顾炎武最先提出的。

顾炎武自幼勤学。他6岁启蒙，10岁开始读史书、文学名著。11岁那年，他的祖父蠡源公要求他读完《资治通鉴》，并告诫说："现在有的人图省事，只浏览一下《纲目》之类的书便以为万事皆了了，我认为这是不足取的。"这番话使顾炎武领悟到，读书做学问是件老老实实的事，必须认真忠实地对待它。

顾炎武勤奋治学，他采取了"自督读书"的措施：首先，他给自己规定每天必须读完的卷数。其次，他限定自己每天读完后把所读的书抄写一遍。他读完《资治通鉴》后，一部书就变成了两部书。再次，要求自己每读一本书都要做笔记，写下心得体会。他的一部分读书笔记，后来汇成了著名的《日知录》一书。最后，他在每年春、秋两季，都要温习前半年读过的书籍，边默诵，边请人朗读，发现差异，立刻查对。他规定每天这样温习200页，温习不完，绝不休息。

资料来源：小雪花，2007(06).

问题1：读了本案例，你得到什么启示？

_____

_____

_____

问题2：请归纳总结案例中顾炎武使用的学习方法，思考自己用过哪些学习方法？

_____

_____

_____

_____

换个角度考虑问题

20世纪40年代，有一个德国工人在生产一批书写纸时，不小心调错了配方，生产出了大批不能书写的废纸，这个工人因此被解雇了。看到他生活、心情都陷入低谷，这个工人的一位朋友劝解他说："把问题变换一种思路看看，说不定能从错误中找到某些有用的东西。"一句不经意的话，有如一线火花。不久，他惊异地发现，这批废纸的吸水性能相当好，可以很快吸干手稿墨迹和家具上的水分。

于是，他从老板那里将所有废纸买下来，再切成小块，换上包装，取名"吸水纸"，拿到市场上去销售，竟然十分抢手。后来，他申请了专利，并组织了大批量生产，结果发了大财。

问题：根据案例启示，我们在学习中遇到困难时要注意哪种方法的运用？

_____

_____

_____

_____

能力训练

1. 任务描述

按照教师的要求分好小组，在小组长的带领下认真分析案例，根据案例给出的条件，帮助老张做一份学习计划，并进行展示。

2. 任务目标

1) 学习如何制订学习计划。
2) 掌握一定的学习方法。

3. 任务规则

1) 班级按照教师要求分成4～8人的小组，以小组为单位分析案例。
2) 以小组为单位根据案例内容和要求制订计划，时间在30分钟内。
3) 学习计划的制订要求可行、科学，同时要阐述运用的学习方法。
4) 学习计划制订要集思广益，小组成员参与任务的积极性纳入学习评价中。

4. 任务实施

(1) 小组分析案例，并按照要求制订学习计划

帮老张制订一份学习计划

老张是一个汽车维修公司的高级修理工。由于工作出色，人品又好，总经理决定提升他为主管。老张甚是开心，但是转念一想，自己从未做过管理工作，再加上负责的这个维修车间有十几名员工，个个和自己熟悉，有的还是元老级人物，如果没有一定的管

理能力肯定无法胜任该工作的。但无论如何，他还是欣然接受了任命并走马上任了。现在老张为做好这份工作，决定学习与车间管理相关的知识，虽然他具备了一定的现场管理经验，但现代化的管理知识仍然比较欠缺，为提高管理理论水平，增强管理能力，提升工作绩效，请帮助老张做一份目标明确、安排合理的学习计划，并运用多种学习方法。

小组成员互相讨论，分配任务，查找案例和资料，有问题可以问老师，在 30 分钟内制订出老张的学习计划方案。

＿＿＿＿＿＿设计方案

1)制订原因

2)优势、劣势分析

3)学习目标确定

4)具体任务确定

5)时间安排

6)采取的学习方法或措施

(2)各组展示学习计划设计方案

小组内选取代表，上台展示自己小组设计的学习计划方案，其他组点评方案设计的优点和缺点(表 3-4)。

表 3-4

组别	支持率	设计的优点	设计的缺点

5. 任务反馈

由组长和教师共同填写活动评价表（表 3-5），以优、良、中、差来表示。

表 3-5

组别 ＼ 项目	方案整体设计	学习方法运用	代表发言效果	总评

知识拓展

1. 如何制订学习计划

（1）制订学习计划的四要素

制订学习计划应该包括四个方面的要素，分别是目标、时间、任务、方法或措施，也就是要解决好为什么做、做什么、什么时间做、怎么做的问题。

（2）制订学习计划应该注意的问题

1）学习计划要符合实际情况；

2）目标任务的确定要从实际出发，切实可行；

3）学习内容要具体，尽可能量化；

4）学习任务的安排，主次有别，考虑全面；

5）时间安排要合理，符合生理记忆规律；

6）长计划和短安排相结合，灵活多变；

7）积极寻求他人的指导和帮助，听取别人的意见；

8）计划制订后最重要的是落实到行动上。

2. 记忆 10 法

我们的记忆能力需要不断的练习才能提高，在日常生活中主动去记忆一些东西可以使我们的记忆力越来越强。我们说的记忆不是死记硬背，而是有方法和规律可以遵循。

（1）朗读背诵记忆法

学习时一遍接一遍地念，直到熟读，这种方法叫朗读法，也叫诵读法。对诗词、外语单词等高声朗读，记忆效果十分好。但诵读要与背诵想结合，效果会更好。例如，心理学家做过这样的实验：写出 16 个无意义音节，让被试者识记忆 9 分钟，然后马上回忆。被试者中全部时间用于朗读的，当时只能回忆 35%；而 1/5 时间用于背诵，能回忆 50%；2/5 时间用于背诵的，能回忆 57%；4/5 时间用于背诵的，能回忆 74%。同样是对这些无意义音节进行识记 9 分钟，4 小时后再回忆，全部时间朗诵的，只能回忆 15%；1/5 时间用于背诵的，能回忆 26%；2/5 时间用于背诵的，能回忆 37%；3/5 时间用于背诵的，能回忆 37%；4/5 时间用于背诵的，能回忆 48%。

（2）单侧体操记忆法

单侧体操记忆法，就是经常做左半身体操，充分发挥右半脑作用，以增强记忆的方法。心理学实验表明，左、右脑的功能是不同的，大脑右半球相当于一个表象存储系统，主要记忆各种形象材料，如图形、闪光、音乐、震动等信息；大脑左半球相当于一个字词存储系统，主要记忆语言、文字、抽象符号等。这两半球的分工不是绝对的，而是互相联系、互相配合、互相补偿的。右半脑支配左半身，左半脑支配右半身。大部分人爱用右手，因此造成发展不平衡。下面介绍的单侧体操，目的在于加强大脑右半球的作用，以担负部分左半脑的功能。进行单侧体操，强化右半脑的功能，减轻左半脑的负担，把两半球都利用起来，会收到惊人的记忆效果。

第一节，全神贯注地站立。左手紧握，左腕用力，屈臂，慢慢上举，然后逐渐还原。反复练习 8 次。

第二节，仰卧。左腿伸直上抬，将上抬的腿倒向左侧，但不触床。再以相反的顺序还原。反复练习 8 次。

第三节，直立。左臂侧平举，再上举，头静止，然后还原，反复练习 8 次。

第四节，直立，身体向左侧卧，用左手和脚尖支撑，左臂伸直，使身体倾斜，呈笔直侧卧伏。屈左膝起身，慢慢还原。反复练 8 次。

第五节，俯卧，跷起脚尖，用手掌和脚尖支撑身体做俯卧撑 8 次。

上述五节单侧体操每天应坚持练 1～2 次。

（3）大脑两半球记忆法

我们平时读书常常会有这样的体验：那些附有插图、图表之类、图文并茂的书报，学习起来记忆就特别深刻。反之，阅读那些没有插图或图表的书报的时候，等同于只使用词语进行逻辑思维，即使用大脑左半球，而右半球闲着，因而记忆就不如同时使用大脑两半球深刻。这个道理告诉我们，在记忆时要改变只用词语进行逻辑思维的习惯，而按着所学的材料或事物的内容同时进行形象思维。其方法就是像放电影似的在头脑里映现出一幅幅图画，这样就能同时使大脑两半球进行思维，读起书来既轻松愉快，又增强记忆。

（4）交谈记忆法

和同学一起讨论交谈最近记忆的知识，是最有效的记忆方法。谈话时，交谈知识的内容会使自己显示扎根的记忆和没有自信的记忆，经过交谈变成确实的记忆，会更加牢固地印在脑海里。不论是稍微模糊的记忆，或是很自信正确无误的记忆，都可以讨论。即使阅读相同的材料，由于各人的理解能力不尽相同，也许你的同学知道得很清楚；相反的，你很清楚的地方，你的同学也许模糊不清。因此，这种交谈能够补充彼此在记忆上的弱点。而且当我们要把知道的事情说出来时，会感觉到当初记忆时缺乏完整的整理，这些不足都可以从交谈中得到弥补。如果没有交谈对象，可以把墙面或其他作为喜欢听你交谈的对象。

（5）说汉语夹杂外语记忆法

讲汉语适当插入外语单词或短语，是记忆外语单词的有效方法。有人问："这是哪国的 Production？"回答说："这里写着 Made in China。"由发音来记外语单词或短语的拼法，就会加深记忆。习惯这种方法以后，就在日常生活中经常应用这种插入外语的记忆方法。但是，不要在一句话中插入太多的外语单词，否则，反而会使记忆的印象变得淡薄。另外，并不一定要从口中说出来，当我们走路或闲坐时，可以将头脑中想到的外语单词放在某一句话里，在默想中使用这种方法，也具有相同的效果。

（6）列表记忆法

列表是把材料分别集中起来，放在表中适当的位置上。往往是一张表整理出来了，条理也清楚了，脑子也记住了。列表记忆，运用范围广，类型多种多样，常用的有以下图表：

一览表：即站在统观全局的角度，对识记材料进行鸟瞰，掌握其相互关系以便于全面记忆。

系统表：命名识记材料系统化，便于通盘掌握和整体记忆。

比较表：即对识记材料进行比较和分类，从特征上掌握知识材料。

统计表：即把带有数据的识记材料制成表格。

关系表：即用简单的图式把知识间的关系表示出来，以便于形象记忆。

网络图：即用图示来突出知识各方面的关系。

示意图：即把要记忆的材料图画化，画图时线条要简洁，立意新颖，用彩笔效果更好。

（7）谐音形象记忆法

所谓谐音记忆法，就是把有些知识按照其他同音汉字去理解，使原来无意义的音节变成有意义的词句，使之生动、有趣，收到意想不到的效果。

用谐音法常常可以很有趣地记住某些历史年代。马克思生于 1818 年，逝世于 1883 年，可以记成"一爬一爬，一爬爬上山"。还可用形象法记忆下列英语单词：sunflower（太阳·花）向日葵，stepmother（上前一步·妈）后妈，stepfather（上前一步·爹）后爹，姐（妹）夫 sister-in-law（姊妹·在……内·法律）嫂嫂（弟媳），tablecloth（桌子·布）桌布、台布。英语中有不少这种组合单词，如果我们留意，那么记忆单词量可大大提高。在考试时遇到陌生单词，可以用这种方法去猜。用谐音法记忆一次不等式的解集：$|x|>a$，即 $x>a$ 或 $x<-a$；$|x|<a$，即 $-a<x<a$ 可记作："大鱼取两边，小鱼取中间。"同时联想到吃大鱼只吃两边的肉，而吃小鱼掐头去尾吃中间。物理书的三个宇宙速度记忆法：第一宇宙速度 7.9km/s（吃点酒）；第二宇宙速度 11.2km/s（要一点儿）；第三宇宙速度 16.7km/s（要留点吃）。

（8）归纳组合记忆法

凡是记忆任何一种拼音结构外语的单记号，都可以采用这种记忆方法。就是将某些"有共同的读音和相同的字母组合"的单词，按其词首或词尾加以归纳，以 5～7 个为一组进行排列。然后，由易到难进行筛选式的记忆，试举英语单词为例。

以 -ch 结尾发〔tʃ〕音的单词：Each（各自的）；lunch（午饭）；reach（到达）；switch（打开）。B. 以 -ter〔tə〕音的单词：Letter（信）；winter（冬天）；writer（作家）；quarter（四分之一）。C. 以 -tion 结尾发〔ʃn〕音的单词：Station（车站）；education（教育）；revolution（革命）；production（生产）。可以把一些单词当作难词多背诵几遍就记住了。例如，有人不按词尾或词首排列，也可以按单词中间相同的"字母组合"来排组，以字母"ee"为例：keep（保持）；meet（遇见）；week（星期）；jeep（吉普车）等依此类推。有人在排组时，结合同义词或反义词来记忆，效果也很好。例如：bright（光明的），dark（黑暗的），clean（清洁的），dirty（肮脏的）；little（小的），dig（大的）；small（小的），large（大的），等等。

（9）口诀记忆法

周恩来曾编了记忆全国省份四句口诀，文化水平不高的警卫战士，很快也记住了：两湖两广两河山，三江云贵吉福安，双宁四台天北上，新西黑蒙陕青甘（注：当时还未划分出海南省和重庆市）。第一句说的是湖南、湖北、广东、广西、河南、河北、山东、山西。第二句指的是江苏、浙江、江西、云南、贵州、吉林、福建、安徽。第三句讲的是辽宁、宁夏、四川、台湾、天津、北京、上海。第四句讲的是新疆、西藏、黑龙江、内蒙古、陕西、青海、甘肃。

学习化学必须记住常见元素的化合价，但是零零碎碎很不好记，如果编成口诀，就好记多了："一价氢钠钾银，二价氧镁钙钡锌，铜汞一二，铁二三，碳锡铝在二四寻，硫为负二和四六，负三至五氮磷，卤素负一三五七，三价记住硼铝金。"

（10）分段学习记忆法

即把学习的材料分为一段落，记熟了一段后，再去记另一段。分段学习记忆法又可分为三种：纯粹分段学习记忆法、渐进分段记忆法和反复分段学习记忆法。分段背，不急于一下子面对整篇课文，而是先看第一段有几句话，再把几句话分成几个层次，一层层地背，很快便攻下了第一段，接下来的段落也是这样：先看全段几句，再按意义分三层或四层，一层层地背，又很快背了下来，这样分段推进、步步为营，心情越来越好，背得也越来越快。把学习的材料分为几个段落，记熟了一段以后，再去记另一段的方法，适用于记忆较长的材料，有时也用于学习那些内容杂而多、意义联系少、机械而零散的材料，如人名、地名、历史、年代、成语单词等。采用分段记忆法的好处是：化整为零，增强记忆的信心；化难为易，在记住一段后会获得成功的喜悦，启动记忆的积极性。

学习评价

以小组为单位，展示各组在本节学习过程的材料及相关成果。根据表3-6，对本节所有的学习活动进行评分。

表3-6

评　价　内　容	分值	评　分		
		自我评价	小组评价	教师评价
对于本节的学习目标是否明确	5			
学习引导内容的分析是否认真、透彻	10			
能力训练中的案例分析是否透彻	20			
帮老张制订的学习计划是否可行	25			
学习知识部分的内容是否掌握	15			
学习过程的人员分工是否合理	5			
各组任务完成过程的材料是否完整	10			
任务过程中的学习效率是否提高	10			
合计				
综合平均得分				

第四章

自我计划管理

第一节　做好计划——未雨绸缪

学习目标

1. 能明确计划的重要性。
2. 能提升计划的执行力。

学习引导

约翰·戈达德的人生计划

美国的约翰·戈达德是著名的挑战者，他的人生计划故事几乎家喻户晓。洛杉矶郊区，15 岁的孩子约翰·戈达德，拟了一个表格，表上列出了他的梦想清单：到尼罗河、亚马孙河和刚果河探险；登上珠穆朗玛峰、乞力马扎罗山和麦特荷恩山；驾驶大象、骆驼、鸵鸟和野马；探访马可·波罗和亚历山大一世走过的路；主演一部像《人猿泰山》那样的电影；驾驶飞行器起飞降落；读完莎士比亚、柏拉图和亚里士多德的著作；谱一首乐谱；拥有一项发明专利；游览全世界的每一个国家；为非洲的孩子筹集 100 万美元善款；参观月球……

约翰·戈达德为每一项编号，共有 127 个目标。

16 岁那年，约翰·戈达德和父亲到了乔治亚州的奥克费诺基大沼泽和佛罗里达州的埃弗格莱兹去探险，这是他首次完成了表上的一个项目。20 岁时，约翰·戈达德已去加勒比海、爱琴海和红海潜过水。他还成了一名空军飞行员，到欧洲上空执行了 33 次作战任务。很快到了21岁，他已经在21个国家做过旅行。刚满22岁时，他在危地马拉的丛林深处发现了一座玛雅古墓。同年，他成为洛杉矶探险者俱乐部最年轻的成员，这时他开始计划最渴求的一次探险，也是他早年制定的第一目标：探索尼罗河。风险不言而喻。在考察尼罗河全程的旅程中，约翰·戈达德和伙伴遭受了河马的攻击，遭遇疟疾，同狂暴沙漠展开博斗，驶过了许多危险的湍流险滩，还遇到一个携枪歹徒的追击。但是10个月之后，这3个"尼罗河人"（戈达德们自称）胜利地划出了尼罗河口，进入了碧波荡漾的地中海。

戈达德说："在这次旅途中，我领略了许多东西，关于自身，关于成功的喜悦，关于紧张充实的生活，它给了我去追求另外目标的动力。如果能事先预料所有危险，也许我们根本就不会走出帐篷。但是经过了一天天的努力，我们终于达到了目标，我想那正是接近生活的方法——把尽可能多的活动、知识、爱和友谊一点一滴地填进生活。"

约翰·戈达德按计划逐个地实现自己的目标，59岁时，他完成了127个目标中的106个。约翰·戈达德一生中获得了一个探险家所能享有的荣誉，其中包括成为英国皇家地理协会会员和纽约探险家俱乐部成员。

在追求目标的过程中，戈达德本人有18次死里逃生的经历。"这些经历使我更深切地热爱生活，欣赏一切可能欣赏的东西。"他说，"人们往往在不知道怎样表达巨大的勇气、力量和坚忍性之前就结束了生活。但我发现，当你清醒知道自己必死无疑的那个时刻，你突然发现一个尚未发掘的力量之源，当你把它释放出来，就好比升华了一次灵魂。"

资料来源：岳川博. 战略人生规划. 南京：凤凰出版社，2009.

问题1：约翰·戈达德的人生计划给你什么样的启示？

_____

_____

问题2：有人说做了计划，重在执行。你是怎么认为的？

_____

_____

未雨绸缪

《诗经·幽风·鸱鸮》："迨天之未阴雨，彻彼桑土，绸缪牖户。今此下民，或敢侮予！""绸缪"：紧密缠缚，引申为修补。描写一只失去了自己小孩的母鸟，仍然在辛勤地筑巢，其中有几句诗的意思是说：趁着天还没有下雨的时候，赶快用桑根的皮把鸟巢的空隙缠紧，只有巢坚固了，才不怕人的侵害。后来，大家把这几句诗引申为"未雨绸缪"，意思是说做任何事情都应该事先准备，以免临时手忙脚乱。

资料来源：何世平. 也谈未雨绸缪与临渴掘井. 档案，1984(03).

问题：试举一个你在现实中"未雨绸缪"的例子。

_____

_____

_____

能力训练

1. 任务描述

教师根据班级人数分成4～6个小组，每组选出小组长负责组织辩论赛的整个过程。学生根据辩论赛的要求及规则准备有关"凡事预则立不预则废，要做计划"和"计划不如变化快，不做计划"两个辩题的辩论材料（教师提供和网上查询），最后抽签决定辩论题目和辩论的对手组。

2. 任务目标

1）提高学生对于计划重要性的认识。
2）通过辩论提高学生的自我口语表达能力和总结能力。

3. 任务规则

1）班级按照教师要求分成6～10人的4个小组，以小组为单位按照辩论赛要求准备辩论资料，时间35分钟。
2）严格遵守辩论规则，辩论而不是吵架。
3）辩论陈述的时间由教师协调把握。
4）小组长组织和动员小组成员积极参加到活动中来。

4. 任务实施

（1）分组和任务分工（表4-1）

表 4-1

组长姓名	成员名单及辩论角色

（2）辩论材料准备

准备"凡事预则立不预则废，要做计划"的论点材料。

一辩：_____

_____

_____

二辩：_____

_____

_____

三辩：_____

_____

_____

四辩：_____

_____

_____

准备"计划不如变化快，不做计划"的论点材料。

一辩：_____

_____

_____

二辩：_____

_____

_____

三辩：_____

_____

_____

四辩：_____

_____

_____

（3）抽签进行辩论（正方辩题"凡事预则立不预则废，要做计划"，反方辩题"计划不如变化快，不做计划"）（表 4-2）

表 4-2

编号	正方组	辩手分配名单	反方组	辩手分配名单
1				
2				
3				

（4）赛后总结

每个小组请用一两句话，总结小组在辩论过程中的总体表现（表 4-3）。

表 4-3

小组	总结内容

5. 任务反馈

教师和组长分别填写（表 4-4），按照优、良、中、差评级。

表 4-4

项目＼组别	材料准备	方法运用	语言表达	组长组织能力	组员的执行力	总评

知识拓展

1. 计划的内涵

计划是实现目标的总体方案。个人的计划不仅涉及目标（做什么），也涉及达到目标的路径和方法（怎么做），其内容可以归纳为"5W1H"。

1）做什么（What）。即给出符合个人自身需求和价值的不同层次的目标。

2）为什么做（Why）。即给出实施计划的具体原因。

3）何时做（When）。一个切实可行的计划，必须要明确指出各项行动的时间要求，而这种时间安排必须和个人的内外部实际相适应。

4）在哪里做（Where）。任何计划都离不开空间的约束，计划一方面必须要有实施的方位与地点；另一方面也存在优选实施地点的问题。

5）谁来做（Who）。任何计划都离不开人的行为，尤其是组织计划必须明确由哪些人、哪些部门或组织来完成规定的任务或指标，当然，还必须要明确参与主题的责任和义务。

6）怎样做（How）。计划的实施可以有很多种途径和方法，不同的途径和方法所耗费的资源不同，效果自然也不同。因此，选择好合适的方法和手段对保证计划实施的成功是非常重要的。

2. 执行力的内涵

执行力就是对任务理解并组织实施的能力。执行力分为个人执行力和团队执行力。

(1)个人执行力

个人执行力是指每一单个的人把上级的命令和想法变成行动,把行动变成结果,从而保质保量完成任务的能力。个人执行力是指一个人获取结果的行动能力;比如,公司总裁的个人执行力主要表现在战略决策能力;公司高层管理人员的个人执行力主要表现在组织管控能力;公司中层管理人员的个人执行力主要表现在工作指标的实现能力;公司普通员工的个人执行力主要表现在个人日常工作任务的完成能力。

(2)团队执行力

团队执行力是指一个团队把战略决策持续转化成结果的满意度、精确度、速度,它是一项系统工程,表现出来的就是整个团队的战斗力、竞争力和凝聚力。个人执行力取决于其本人是否有良好的工作方式与习惯,是否熟练掌握管人与管事的相关管理工具,是否有正确的工作思路与方法,是否具有执行力的管理风格与性格特质等。团队执行力就是将战略与决策转化为实施结果的能力。许多成功的企业家也对此做出过自己的定义:通用公司前任总裁韦尔奇先生认为所谓团队执行力就是"企业奖惩制度的严格实施";而中国著名企业家柳传志先生认为,团队执行力就是"用合适的人,干合适的事"。综上所述,团队执行力就是"当上级下达指令或要求后,迅速做出反应,将其贯彻或者执行下去的能力"。

3. 计划与执行力

计划是从长远规划目标派生出来的,是如何实现目标的行动纲领。计划的拥有者是一个"销售"角色,他要把自己的意图通过这个计划表达清楚,并且让他人都知道要做什么、会得到什么样的结果,如果做不好会怎么样。计划是在不断的执行中逐步完善的,也可以说是一个骑驴找马的过程。目标是已经定了的,计划只是实现目标的手段。今天这个手段不行,明天可能就调整,这是必然的。计划的调整和完善都是针对长远规划的,而不是针对计划本身的。

很多人做计划的时候,不希望自己的计划在执行中走样,这是不可能的,除非在计划之前对整个行动过程的每一个人、每一个活动细节,都了如指掌,每一个步骤都是按着自己的想象去做的。这太难了,而且根本就是不可能的任务。任务完成过程中总有一些无法预见的因素和偶然事件的。

单纯地强调执行的人,也许并不明白什么是执行。执行不是一个简单的"理解要做、不理解也要做",而是做什么、什么时候做到什么地步、结果反馈到什么人或什么地方。对于一个计划来说,我们要求它是符合 SMART 原则的,这几条当然也适用于执行人。比如,S 代表具体(Specific),指绩效考核要切中特定的工作指标,不能笼统;M 代表可度量(Measurable),指绩效指标是数量化或者行为化的,验证这些绩效指标的数据或者信息是可以获得的;A 代表可实现(Attainable),指绩效指标在付出努力的情况下可以实现,避免设立过高或过低的目标;R 代表现实性(Realistic),指绩效指标是实实在在的,可以证明和观察;T 代表有时限(Time-bound),注重完成绩效指标的特定期限。这几项中任何一个不明确,都会造成执行不力。单纯地强调执行人的责任是一种只看果不看因的眼光，这种方式会导致一系列的短视行为，每个人都只看重自己的那一片，只知道自己的业绩，而不顾整体的利益。

4. 计划管理的方法——PDCAR 法

PDCAR，是 Plan，Do，Check，Action，Record 的首字母。

(1)P——Plan （指计划）

要求在进行工作开展时应该先制订工作计划，这是确保工作顺利进行和高效进行的前提。制订计划的时候应该尽量考虑到可能发生的一切问题，这样在执行的过程中，能够规避风险。

它包括以下几方面的要求：

制订计划时，应尽力考虑到可能发生的一切问题，并相应地制订应对措施——也就是将风险因素纳入计划中。计划实施完毕后，将整个计划执行的过程回顾一遍，仔细考虑每个细节，确认哪些部分成功了，哪些部分是失败的。记下每一个失败的地方，争取在执行下一个计划时不犯同样的错误。通过这种实践，你的思想会变得深邃、细致、客观和冷静。一定要"实事求是"，要冷静、客观、自主，站在局外人的角度通盘考虑自己的计划。

(2)D——Do （指实施）

要求在进行工作时，坚决按照计划进行相应工作的开展。

失败者往往在彷徨中丧失千载难逢的机遇，而成功者则善于抓住机遇、果断行动；失败者往往因为半途而废丢掉大好的前程，而成功者总是在坚持不懈中得到幸运之神的眷顾。因此，对计划的执行来说，最重要的就是要果断行动、坚持不懈。不要轻易改变自己的目标，不要因为困惑和犹豫与一个又一个成功的机会失之交臂。

(3)C——Check （指监测）

要求在计划的执行过程中要进行不断的检测，并记录下所存在的问题。

如果在检验中发现了偏差，则需要查缺补漏、及时调整，以免犯更大的、不可挽回的错误；如果在检查中证实了计划的有效性和正确性，就可以加大投入、将计划执行到底。

(4)A——Action （指处理、改进）

要求对在实施过程中存在的问题进行科学的分析，并进行有效及时的改进。

在计划执行过程中，遇到失败和挫折是难免的事，必须学会从失败中汲取经验或教训，不被挫折击垮，勇敢地重新开始。重新开始的勇气和决心是每个成功者必备的基本素质，也是通向成功的决定性力量。这一点是极其重要的，所以，我们把"自省"作为指导"执行"的主要态度。

(5)R——Record （指记录）

要求在实施完成后记录工作中遇到的问题，进行有效的总结。认真总结计划执行过程中的经验、得失，并将计划执行的详细情况记录、备案，无论计划的执行是否成功，有关该计划的详细信息总能为自己和他人留下可借鉴的宝贵财富。

好的执行者总会在计划执行完毕后，认真总结计划执行过程中的经验、得失，并将计划执行的详细情况记录、备案。无论计划的执行是否成功，有关该计划的详细信息总能为自己和团队中的后来者提供可资借鉴的宝贵财富。

综上，PDCAR 是一种十分有用的执行力管理与修炼的指导工具，它几乎人人可以应用，时时可以应用。该方法对于提高计划管理能力，尤其是计划执行能力具有非常重要的价值。

5. 计划管理能力自测

计划管理能力是指个人确定未来目标以及为实现目标而采取的执行方式和方法的能力。请通过下列问题对自己的该项能力进行差距测试。

1) 你通常以怎样的方式做事？（　　）

A. 制订计划并按计划行事　　　B. 依据事情到来的顺序　　　C. 想起一件就做一件

2) 在制订计划前你通常首先做的工作是什么？（　　）

A. 确定目标　　　　　　　　　B. 认清现在　　　　　　　　C. 研究过去

3) 你的计划会详尽到什么程度？（　　）

A. 每日　　　　　　　　　　　B. 每周　　　　　　　　　　C. 每月

4) 你如何制订计划？（　　）

A. 尽量把计划量化　　　　　　B. 制订出主要计划的辅助计划

C. 只制订主要计划

5) 当计划的任务在执行过程中遇到困难时，你通常会如何做？（　　）

A. 想方设法提高执行效率　　　B. 对计划做一定程度的修改　　C. 制订新的计划

6) 面对变化较快的未来环境时，你是否会坚持制订的计划？（　　）

A. 通常会　　　　　　　　　　B. 有时会　　　　　　　　　C. 偶尔会

7) 你通常如何确保制订的计划尽善尽美？（　　）

A. 遵循科学的计划安排行为步骤

B. 边实施边修改

C. 多征询他人的意见

8) 作为管理者，你发现下属偏离了既定计划时，你该如何办？（　　）

A. 立即校正，保证计划被严格执行

B. 重申并明晰既定计划

C. 视偏差情况而定

9) 计划制订后，你是否能够严格按照计划行事？（　　）

A. 通常能　　　　　　　　　　B. 有时能　　　　　　　　　C. 偶尔能

10) 你制订的计划通常能达到何种效果？（　　）

A. 能够有效实现预期目标　　　B. 行动不再盲目　　　　　　C. 效果不明显

【记分规则与结果解释】

选 A 得 3 分，选 B 得 2 分，选 C 得 1 分

24 分以上，说明你的计划执行能力很强，请继续保持和提升。

15～24 分，说明你的计划管理能力一般，请努力提升。

15 分以下，说明你的计划管理能力很差，亟须提升。

学习评价

以小组为单位，展示各组在本节学习过程的材料及相关成果。根据表 4-5，对本节所有的学习活动进行评分。

表 4-5

评 价 内 容	分值	评 分		
		自我评价	小组评价	教师评价
对于本节的学习目标是否明确	5			
学习引导内容的分析是否认真、透彻	15			
能力训练中的辩论赛活动参与的积极性	15			
辩论赛中的论点是否清晰和论据是否充分	20			
辩论赛过程的人员分工是否合理	15			
学习知识部分的内容是否掌握	15			
任务材料是否完整	5			
任务完成过程中的计划能力	10			
合计				
综合平均得分				

第二节　职业规划——前程无忧

学习目标

1. 了解职业生涯规划，明确未来职业目标。
2. 学会职业生涯规划的方法，做好职业生涯规划。

学习引导

白马和黑驴的目标

传说唐僧前往西天取经前，曾经到长安附近的一个村子选择坐骑。前来报名的有白马、黄羊、黑驴和青牛。最后唐僧选择了白马。

一去就是17年。待唐僧返回东土大唐时，已是名满天下的传奇英雄。这匹白马跟随唐僧过火焰山、打白骨精、斗妖魔、战鬼怪，也成了取经的功臣，被誉为"大唐第一名马"。白马衣锦还乡，来到昔日的村庄看望老朋友。很多儿时的同伴都无比崇拜地听它讲这些年的经历，只有黑驴很不服气："为什么你现在这么威风？我这些年闲着了吗？我出的力比你少吗？我走的路比你少吗？凭什么大家对你这么崇拜，听你眉飞色舞地讲？"

白马很平静地说："驴老弟，我随玄奘大师去西天取经，我们有一个优秀的团队，我们有方向、有目标、有使命，遇到任何困难都勇往直前。这些年你走的路确实不比我少，甚至比我还多。你受的累也不比我少。但区别是自从我走了以后，你就被蒙上双眼一直在转圈拉磨。所以你什么也讲不出来。我有一个建功立业、丰富多彩的马生，你却只有一个碌碌无为、无聊至极的驴生。"

没有使命、没有定方向、没有定目标的人不代表他这几年不忙着做一些事情，他也会很辛苦忙碌，但可能只是为满足生存上的需求在忙。

资料来源：程社明. 职业生活规划. 北京：新华出版社，2007.

问题1：白马和黑驴的对话对你有什么启示？

_____

_____

问题2：你的职业目标是什么？说明理由。

_____

_____

_____

小王的职业生涯规划

小王刚进入高职的时候，就发现社会就业的严峻性，特别是看到很多师兄师姐求职并不理想，使他对前途产生了迷茫感。为了使自己过得有意义，毕业时能找到一份心仪的工作，他经常与学校就业办保持联系，寻求职业规划的帮助。职业规划辅导老师让他做一个详细的职业规划，他总觉得没什么意义。"自己对自己最了解，干吗还要做一份规划呢?"就这样，小王一直到毕业时也没有进行职业规划，虽然他有自己的奋斗目标，但目标经常发生变化。看到很多有职业规划的同学纷纷找到了工作，而自己仍然无所适从。

最后，小王只有求助于职业顾问。在与职业顾问交流的过程中，小王发现很多30多岁的白领也来补做职业规划，有的甚至已经达到了一定的职位高度，却遇到了职业"瓶颈"，深受当初没有职业规划之苦。小王看到这一切深受教育，这才真实地感受到职业规划对人生的重要性，于是在职业顾问的帮助下，小王详细地做了一份职业生涯规划，并找了适合自己的工作岗位。

资料来源：许相岳，吴强．自我管理教程．北京：人民出版社，2001.

问题1：小王的奋斗目标为什么会变来变去?

_____

_____

_____

问题2：上面的案例对你有什么启示?

_____

_____

_____

能力训练

1. 任务描述

教师指导学生学习职业生涯规划相关知识，学生在已有资料学习的基础上做一份自己的职业生涯规划。

2. 任务目标

1)帮助学生认识到职业生涯规划的重要性。

2)学会撰写职业生涯规划方案。

3. 任务规则

1)学生认真学习知识中有关职业生涯规划的知识和案例。

2)学生按照教师的要求撰写一份自己的职业生涯规划。

3)职业生涯规划撰写要结合自身情况，符合实际。

4)个人撰写尽量按照五步法设计职业规划方案。

4. 任务实施

1) 个人按照五步法设计职业生涯规划方案。

基本格式要求：具体设计要涵盖"分析发展条件、确定发展目标、构建发展阶段、制定发展措施、评估与调整"等步骤。分析发展条件包括分析社会、专业、自身等条件；发展目标应包括短期目标、中期目标、长期目标；设计发展阶段如 2～5 年、5～10 年、10年以后等；制定措施如专业学习方面、社会实践方面、外语和技能培训等；评估与调整主要是指计划完不成时如何调整。

题目：_____

引言

_____

_____

_____

分析发展条件

_____

_____

_____

_____

_____

确定发展目标

_____

_____

_____

_____

构建阶段

_____

_____

_____

_____

_____

_____

制定措施

_____

_____

_____

_____

_____

_____

评估与调整

_____

_____

_____

结语

_____

2)根据要求，展示自己的职业生涯方案。

3)阅读他人的职业生涯规划方案，写出自评总结。

_____

_____

5. 任务反馈

教师和部分学生代表填写表 4-6，按照优、良、中、差四个等级评定。

表 4-6

项目 姓名	条件分析是 否全面透彻	发展目标是 否可行具体	阶段构建是 否具体得当	措施制定是 否可操作	评估调整部分 心态怎样	总评

知识拓展

1. 职业生涯规划的含义

职业生涯规划也称职业生涯设计。所谓职业生涯规划，是指个人结合自身情况以及眼前的机遇和制约因素，为自己确定职业目标，选择职业道路，确定发展计划、教育计划等，并为自己实现职业生涯目标而确定行动方向、行动时间和行动方案。

2. 职业生涯规划的十项内容及案例

（1）题目

题目包括规划者的姓名、明确规划年限，规划起止日期、年龄跨度，显示职业生涯规划的个人特征和时间阶段性。写清规划者的姓名，是强调规划者把命运掌握在自己手中；写清规划年限，说明规划是阶段性的还是终身性的。对于起止日期，开始日期可以详细到年月日，终止日期写到年就可以了。最后写上年龄跨度，例如，从 30 岁到 40 岁，目的是提醒规划者，人的生命周期是单向和不可逆的，强调时间的紧迫性。

（2）确定职业方向和总体目标

确定职业方向和总体目标即在规划的年限期间选择什么职业。总体目标是指当前可以预见的最长远目标。在我们的职业生涯道路上，不管你现在是多大的年龄，你真正有意义的人生，是从确定了职业生涯的方向，确定职业生涯目标那一天开始的。总体目标可以是职务导向，也可以是收入导向，也可以是能力导向。

个人目标举例：用 10 年时间成为机械加工企业的中层领导；3 年内成为电气加工车间主任。

（3）社会环境、职业环境分析

1）社会环境分析。通过对社会大环境的分析，了解所在国家或地区的政治、经济、法制建设发展方向，以寻找各种发展机会。中国现在正处于近 200 年以来历史最好的发展时期。虽然社会上还有许多的体制弊端，还有许多没有解决的矛盾，但是政治上比较稳定，法制化进程已经开始，市场经济已经初步形成并步入正轨。21 世纪的中华大地充满各种人才成长发展的机遇。但是我们也要看到，人才的竞争日趋激烈，学生就业难、失业率居高不下等，都使我们的就业环境看起来不容乐观，这就更需要在分析好社会现状的基础下，有针对性地做好自己的职业生涯规划。

2）职业环境分析。职业环境分析是我们需要认清所选定的职业在社会环境中的发展过程和目前所处的社会地位，社会发展趋势对此职业的影响。包括职业的发展趋势，职业内涵中的五个因素（社会分工、专门知识技能、创造财富方式、报酬水平、满足需求的程度）发展变化的趋势。

国家经济的发展和科技的进步，一定会导致社会职业结构的变化，新的职业会出现，还有一些职业会衰退，或是有些职业虽然存在，但其相关属性或内涵已经发生了变化。是否能预测一种职业的发展趋势，是否能预测职业内涵的演化，对一种职业是否有深刻的认识将关系到我们能否在把握社会环境变化的基础上，为自己人生的发展找到或创造适宜的职业平台，有效地规划职业生涯。如果你希望抓住机遇，建立明确的职业目标，有效降低机会成本和降低选择的风险，那么深入的职业环境分析是必不可少的重要一环。

社会环境分析、职业环境分析个人案例：孙女士，十年规划，人力资源经理。

目前中国改革开放取得了巨大成果，成为世界经济发展最快的地区之一，中国特色的市场经济已日趋成熟，国有企业改革、改制步伐加快，中小企业、民营企业蓬勃发展，国外公司和资金大量涌入。

面对新的竞争环境与挑战，有效管理人力资源将成为企业组织获取竞争优势的重要环节。对企业组织中最重要的资产——人员，进行战略性的管理，应成为21世纪企业组织最高领导人的重要使命，这也将是企业组织获得最大价值增值和丰厚利润回报的最大秘诀，同时也是杰出组织与一般性组织的根本区别所在。因此，人力资源管理是一个非常有发展前景的朝阳职业。

（4）行业分析、企业分析

1）行业分析。行业环境分析就是一个人对目前所在行业和将来想从事的目标行业的环境进行分析，包括行业现状、行业目前的优势与问题所在、行业发展前景预测、国际国内重大事件对该行业的影响等。

行业分析时要注意行业和职业的区别。在同一行业可以从事不同的职业，比如在建筑行业，你可以做建筑工程师，也可以做财务经理。在不同行业里，可以从事同一职业。例如，在金融行业、运输行业你都可以担任人力资源经理。

2）企业分析。企业分析包括企业在本行业或新的发展领域中的地位和发展前景，企业产品在市场上的发展前景，企业在本行业中的竞争力，企业领导人的抱负及能力，企业文化和企业制度。通过企业分析，要得出以下结论：自己对企业发展战略、企业文化和管理制度的认同程度，企业组织结构发展的变化趋势，与自己有关的未来职务的发展预计。根据企业分析，看准企业最需要什么类型人才，结合企业情况，找出个人发展和企业发展的利益结合点。每个人要考虑自己在本企业内实现职业生涯目标的可能性有多大。

行业分析、企业分析个人案例。

案例1：李女士，三年规划，中餐连锁店经营者、场所环境设计者，深圳。

行业分析：深圳为新型移民城市，城市人口年龄较为年轻，拥有为数相当多的单身人口，并且大多数人由于工作紧张，时间宝贵，很少自己在家做饭。这样，餐饮市场，尤其是快餐市场发展空间极大。另外，由于中式餐馆普遍环境较差，从而使得环境幽雅、价位为中、低档的中式餐厅有极大发展潜力。

案例2：王先生，十年规划，科技创新，职业经理。

我所在的企业是从事电子通信产品的研究开发、生产销售的高新科技公司，拥有丰富的人才资源和技术优势。

由于对企业的管理远远跟不上市场对企业的要求，管理方法陈旧，管理思想僵化，人治代替法治，致使公司内耗严重，直接影响公司快速成长。

困难的积极面就是机会与挑战共存，我如果能够迅速进步，企业对于我的职业生涯成功有很大的激励和推动作用。

（5）角色建议

在职业生涯发展过程中，你一定能找出一些对你起重要作用的人。这些人可能是企业最高领导人，可能是人力资源部经理，可能是你的直接上级，可能是你的直接下级或是平级，也可能是你的主要家庭成员，如父母、配偶，也可能是老师、同学、朋友。

在做职业生涯规划时，至少要找到三个对自己重要的职业生涯角色。写出三个人的姓名、与自己的关系，如上级、配偶、朋友、子女、下级等。他们的作用是什么？他们的建议是什么？保持联系的方法、频率和目的。角色的建议和要求，不一定完全符合自己的想法，但一定要客观地记录下来作为参考。

角色建议个人案例。

案例1： 章女士　5年职业生涯规划　方向：职业经理。

直接上级领导（原单位书记）：认为此人有较强的沟通协调能力，知人善任的能力及分析判断能力，能够较好地处理人际关系，应该充分利用这一优势。要逐渐改掉优柔寡断的毛病。

职业生涯管理专家（程博士）：根据个人简历及一些实际情况，建议本人今后从事人力资源管理工作，以充分发挥自身的优势。

丈夫：认为此人有较强的为人处世能力及洞察人的心理能力，适合从事人力资源管理工作，但过分站在别人角度考虑问题的毛病不利于人力资源管理工作。

案例2： 何先生　方向：技术专家、部门经理。

妻子：你适合在IT界发展，思维活跃，有创新精神，但沟通能力、交际能力、演讲能力有待提高。

父亲：好学，待人忠诚，具备成功的基本条件，但要提高创新能力。

好友：有事业心，永不满足，但应注意脚踏实地，提高专业技术能力。

原单位领导：要注意加强与领导的沟通，学习掌握领导艺术。

（6）目标分解、选择与组合

职业生涯目标分解是根据观念、知识、能力差距，将职业生涯的远大目标分解为有时间规定的长、中、短期分目标，直至将目标分解为某确定日期可以采取的具体步骤。目标分解是将目标清晰化、具体化的过程，是将目标量化成可操作的实施方案的有效手段。分解后的小目标之间可以进行时间上或功能上的组合，以便我们集中时间、精力和其他资源，去实现最有意义的或最有把握的目标。

目标分解案例：

2011—2013年

1）知识目标：多多看书，增加电气自动化领域的新知识；拿到高级维修电工证。

2）学位目标：取得大专证书。

3）能力目标：通过各种活动大赛，让自己的各方面能力得到提高。

4）经济目标：每月在学校勤工俭学争取500元钱，为家里减轻负担。

2014—2018 年

1)知识目标：自学 Flash 软件和 Photoshop 软件；拿到技师资格证书。

2)能力目标：提高自我的人际沟通能力、团队合作能力，打造良好的工作关系网。

3)职位目标：成为大公司的车间管理人员或中小公司的电气加工车间的主任。

4)经济目标：年收入 10 万元左右。

2019—2028 年

1)知识目标：学习一些营销学、经济学、管理学方面的知识。

2)能力目标：提高自己的决策能力，团队管理能力。

3)职位目标：大型制造业公司的部门负责人或者中小型公司的副总经理。

4)经济目标：年收入 20 万～30 万元。

(7)确定成功的标准

成功需要有标准，主要看自己制定的目标是否在预期的时间内完成。成功定义包括这样一些内容：成功意味着什么？成功的时间、成功的范围、成功与健康、成功与家庭、被承认的社会地位、被承认的方式、能使自己满意的金钱数、想拥有的权势和社会地位等。

(8)自身条件及潜力测评

制定职业生涯规划要求每个人真正了解自己，对过去的职业生涯做总结，依据个人背景材料，对自己的能力、潜力进行自省和测评，并明确自己的预期发展目标。将自己本身的条件、发展潜能、发展方向与环境给予的机遇和制约条件相比较，最终达到"觉醒"，即知道自己已经做了什么，想要做什么，能做什么。

自身条件包括以下因素：兴趣、爱好、天赋、专长、知识水平、操作能力、身体条件、价值观念、情绪智力、家庭条件等。

哈佛大学人类学家查尔斯认为，每个人都有七种潜在能力：非语言表达能力、说话能力、聆听技巧、沟通能力、适应他人的能力、时间和空间的管理能力、预测力。

潜能测评是进行自身条件分析的一个途径，但应注意以下两点：一是认认真真做一次自我潜能测评。主要是测评自己的职业兴趣、职业人格、职业能力、职业知识，并请相关行业的成功人士或资深从业人员提出建议。潜能测评和别人的评价建议像一面镜子可以折射出你自己的特长和发展潜力。二是千万不要太看重测评结果。因为潜能测试是针对一般情况设计的，并非针对某个具体人，设计者更不会知道你此时的志向。潜能测评能够帮助你找到的是你目前状况与自己期望达到的那个目标所要求的知识以及能力上的差距。看到差距后，放弃还是坚持原定的目标，选择权在自己手中。

(9)找到差距

差距是一个人职业素质的现状与职业生涯目标实现所需要职业素质要求的差距，包括思想观念上的差距、知识上的差距、心理素质上的差距以及能力上的差距。实现目标的过程就是缩小差距的过程。分析目前的状况与实现目标所需要的知识、能力、观念等方面的差距，才能采取有效的行动。

(10)缩小差距的方法及实施方案

实施方案要有明确的时间坐标，并具有可操作性。缩小差距的方法，主要是教育培训、讨论交流以及实际锻炼三种方法。教育培训的方法侧重于向书本学习；讨论交流的方法侧重于向别人学习——听君一席话，胜读十年书；而实践锻炼的方法是最根本的方法，就是去争取改变工作内容和工作方法，着重处理自己能力较差的工作。通过教育培训的方法、讨论交流的方法所取得的知识、观念，都要通过实践锻炼来应用。

3. 职业生涯设计案例

放飞梦想　扬帆起航

——一名电气项目总监的奋斗历程

在学校的学习和生活即将结束，回首几年的校园时光，感到非常充实。虽然自己在学习期间也取得了一点点的成绩，但是我并没有因此而沾沾自喜，我知道未来精彩的人生依旧需要自己不懈的奋斗。

现在面对就业的十字路口，我也迷茫过、徘徊过，不知何去何从。但是现在我自信满满，我相信只要自己朝着目标不懈地努力，就可以创造人生的辉煌，绽放人生的绚丽。因此，我对未来几年进行了简单的规划，确立了职业目标并制订了比较切实可行的实施计划。"凡事预则立，不预则废。"希望通过自己的努力，可以开启人生的新篇章。

第一章　分析发展条件

一、个人分析

我是一个特别要强的人，对自己的期望值较高，因此有的时候会给自己造成较大的心理压力，导致自己的自信心不足，此外，我的创新能力也较差。在学校期间，我尽自己所能来弥补不足：我担任了班级的学习委员，在为同学服务的过程中，增强了自己的责任感、做事也更加认真、仔细，而且在和班级同学的接触交往中，自己也变得活泼开朗；参加学校的志愿者活动，使自己更加有爱心，有奉献精神；参加技能比赛不但提高了我的专业技术也磨炼了意志，做事不再"三天打鱼，两天晒网"。

技师学院的学习生活，对我的一生也是一个很大的改变。专业的学习使我离自己的目标更近，与同学相处的几年使我的性格得到磨炼，做事也更加稳重成熟。下表是一起生活的人对我的评价：

项　目	优　点	缺　点
家人评价	孝敬父母、肯吃苦、很懂事	比较胆小、缺乏自信
老师评价	学习认真、理解能力强、有责任感	比较内向
同学评价	对人友善、做事果断	个性要强
朋友评价	进取心强、对朋友很讲义气	城府不深，喜形于色

二、外部分析

1. 行业形势

当今科学技术迅速发展，作为信息产业中的一部分，电气自动化专业有着光辉的前途，与本专业就业领域相关联的行业在近几年获得了飞速发展，为电气自动化专业提供了广阔的发展前景。此外，"十二五"期间，中国提出以节能减排为核心的工业发展战略，在新型产业中，要实现这一艰巨任务，还需要自动化技术的强力支撑。现代化工业的不断发展使电气自动化技术方面的人才市场有着相当大的潜力，对这一专业的人才需求将会不断增加，自动化专业的毕业生也将借助这一技术的广泛应用而在社会生活的各个领域、经济发展的各个环节找到发挥自己专长的理想位置。

2. 就业形势

尽管电气自动化专业的发展状况令人欣喜，电气自动化技术方面的人才也有广阔的就业空间，但是从右图我们可以看出，本科生、研究生是电子自动化方面的就业主力，随着高学历人才的增多，对我们技工院校的学生就业带来了较大的冲击，我们的就业依然面临着激烈的竞争形势。

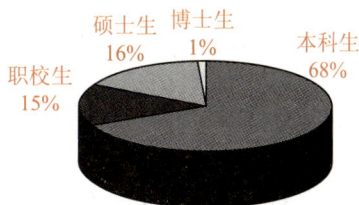

硕士生 16%　博士生 1%　本科生 68%　职校生 15%

第二章　确定发展目标

陈安之曾经说过："有什么样的目标，就有什么样的人生。"目标是一个人行动的导航仪，是人生的灯塔，没有目标，我们将不知道怎么努力，人生也会失去了方向。通过自我分析和对行业发展的认识，我把电气项目总监作为自己的人生奋斗目标。目标的实现需要我一步步地努力，从基础做起，从身边做起，除了学好自己的专业知识外，我还要努力提高自己各方面的职业素质。下图是现代企业对学生就业技能的补充需求：

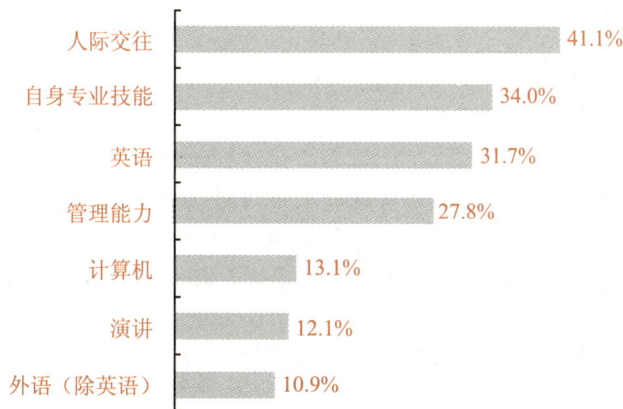

人际交往　41.1%
自身专业技能　34.0%
英语　31.7%
管理能力　27.8%
计算机　13.1%
演讲　12.1%
外语（除英语）　10.9%

由上图可以看出我们即将毕业的学生要想适应社会需求和岗位需求，就必须从提高人际交往能力、自身专业技能、英语水平、管理能力等多方面入手来提高自身的综合素质。

第三章　构建发展阶段及发展措施

为了更好地实现我的职业目标，我对自己的职业发展确立了以下三个阶段：

第一阶段：职业适应阶段（1～2年）　适应岗位要求，成为一名优秀的企业员工，并不断学习，提高自己的各项能力。

第二阶段：职业发展阶段（3～4年）　经过自己的努力，取得高级技师证书，成为企业电器项目经理，同时拥有自己的幸福家庭。

第三阶段：职业稳定阶段(2～3年)　成为企业的项目总监，做一名有资质的企业领导和高级技师。

一、职业适应阶段

在这个阶段，我要踏踏实实工作，逐渐适应工作岗位要求，成为一名优秀的企业员工。

从学校踏入社会，对于我这样一个即将毕业的学生来说，需要一个职业适应过程。在这个过程中，我必须要将自己在学校学到的专业知识与真正的企业实际生产联系起来。在师傅的指导下，从开始学习怎样工作，到在公司中承担部分工作，掌握了工作所需要的知识和技能，最终适应岗位要求，成为能够适应本职岗位的企业工作人员。为此我要在实践中做到：

(1)每天下班后，把当天在工作中遇到不懂的问题及时上网查询、请教师傅，做到"今日事，今日毕"。学习本专业的其他知识，拓展自己的知识体系。

(2)读英文报刊，多听英文录音，空闲时间，上网查查英文资料、看看英文电影，全方面提高英语水平。学习专业英语，坚持每天早上背单词，利用一切可能的机会练习口语，珍惜跟别人用英语交流的机会，提高自己的英语水平。

(3)多参加一些冒险活动，克服自己胆小的缺点，使自己有冒险精神和强大的自信心。

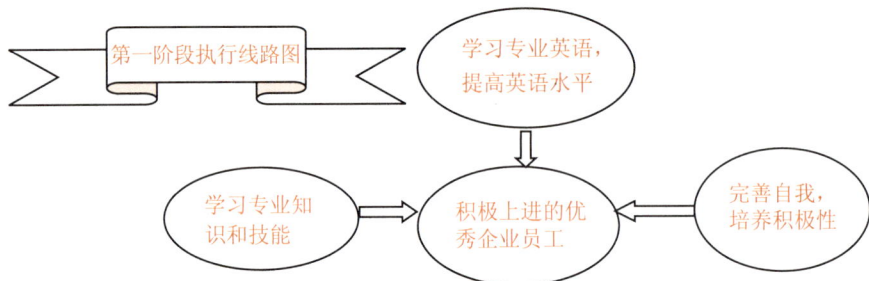

第一阶段执行线路图

学习专业英语，提高英语水平

学习专业知识和技能　→　积极上进的优秀企业员工　←　完善自我，培养积极性

小结：在这个阶段我在适应工作岗位的同时还要不断提升自己的各项素质，为下一阶段的发展打下坚实的基础。因此，我必须在专业知识方面下功夫，使自己具备专业技师的知识储备，同时参加英语等级考试，取得英语等级考试证书，使自己更有发展潜力。

二、职业发展阶段

加强自己的职业素养和专业知识水平，取得高级技师证书、英语等级考试证书，成为企业的项目经理。

(1)在岗位上努力工作，利用已掌握的知识和技能实现岗位创新，为企业的发展做出贡献，体现自己的价值。继续学习专业知识和技能，取得高级技师证书。

(2)积极参加社会活动，利用社交机会来培养自己活泼开朗的性格。结交朋友，增长见识、丰富阅历。

小结：这个阶段将会在我的职业生涯乃至整个人生中产生非常重要的影响。经过几年的岗位适应期，了解了企业的运作，确定自己今后的发展方向，有针对性地提升自己的综合素质。自己也将在这个阶段拥有自己的家庭，开启人生的另一段旅程。

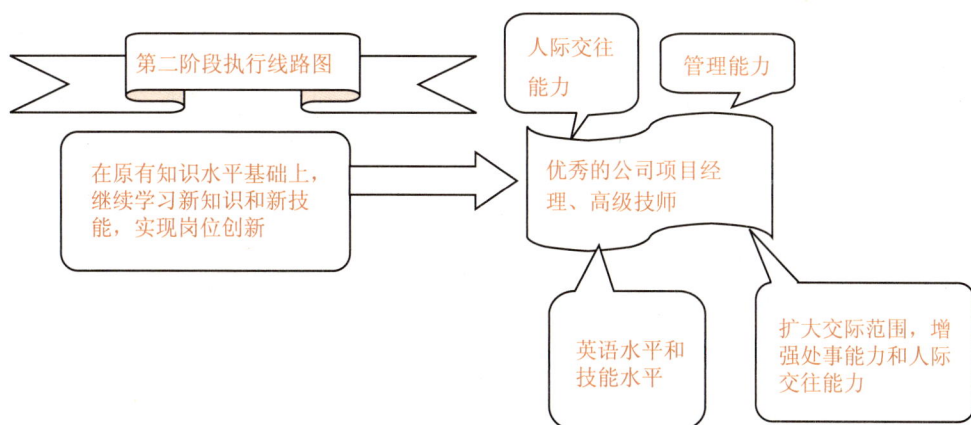

三、职业稳定阶段

凭借自己多年的工作经验，带领一个团队进行岗位创新，为企业的发展贡献力量，从一名优秀的项目经理晋升为项目总监。

在这个阶段需要提高自己的技术水平的同时，也把自己多年的工作经验传授给新员工，不断带领团队进行创新，使自己的能力得到充分发挥。

第四章　评估与反馈

随着多年工作经验的不断积累和对事物认识不断加深，自己的职业规划或许也会随之发生调整。我的调整计划如下图。

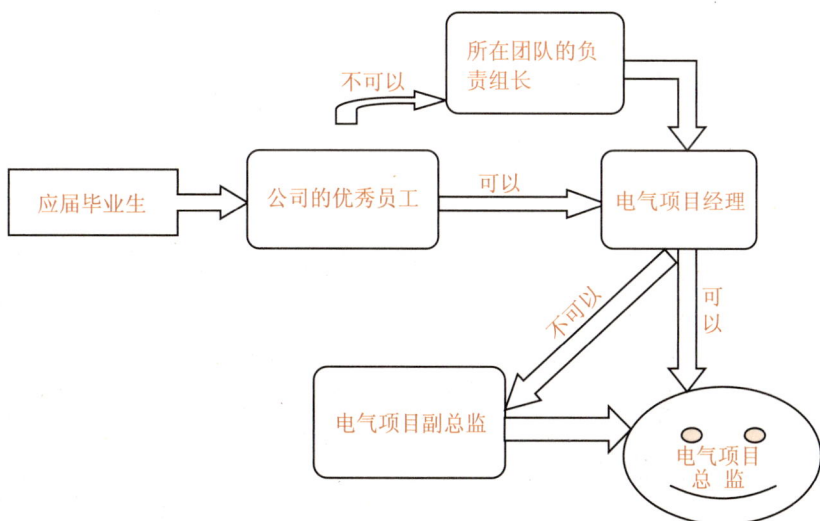

"计划不如变化快"，一定要及时收集信息，了解当下环境及专业动态，适时调整职业规划。遇到不良因素时，应保持冷静的头脑，及时分析问题，快速果断地想出解决方案，对出现的问题尽量解决，积极采取措施，做出最好矫正，把负面影响降到最低。我相信只要采用恰当的方法和抱着积极态度，就一定会保质保量地完成规划的目标。

虽然计划已经制订好，但是真正的行动才刚刚开始。我现在需要做的就是：迈出自己坚定的步伐，朝着自己的目标去努力，以满腔的热情和百倍的信心去奋斗，迎接胜利的曙光。

在这个奋斗的过程中，我要用丘吉尔的一句话来勉励自己，"成功根本没有秘诀，如果有的话，第一是坚持到底，永不放弃；第二就是当你想放弃的时候，就回过头来再照着第一个秘诀去做。"

学习评价

以小组为单位，展示各组在本节学习过程的材料及相关成果。根据表 4-7，对本节所有的学习活动进行评分。

表 4-7

评 价 内 容	分值	评 分		
		自我评价	小组评价	教师评价
对于本节的学习目标是否明确	5			
学习引导内容的分析是否认真、透彻	15			
职业生涯规划方案撰写的详细度和可行性	30			
自我对职业生涯规划的重视程度	20			
学习知识部分的内容是否掌握	15			
学习过程中的任务材料是否完整	5			
学习过程中的综合职业规划能力	10			
合计				
综合平均得分				

第五章

自我情绪管理

第一节 认识情绪——自我体察

学 习 目 标

1. 了解情绪、情感的基本含义。
2. 了解表情与情绪状态的关系。

学习引导

拔掉所有的钉子

从前，有个小男孩脾气很坏。一天，他父亲给了他一大包钉子，要求他每发一次脾气都必须用铁锤在他家后院的栅栏上钉一颗钉子。第一天，小男孩共在栅栏上钉了 37 颗钉子。

过了几个星期，由于学会了控制自己的愤怒，小男孩每天在栅栏上钉钉子的数目逐渐减少了。他发现控制自己的坏脾气比往栅栏上钉钉子要容易多了。最后，小男孩变得不爱发脾气了。他把自己的转变告诉了父亲。他父亲又建议说："如果你能坚持一整天不发脾气，就从栅栏上拔下一颗钉子。"经过一段时间，小男孩终于把栅栏上所有的钉子都拔掉了。

父亲拉着他的手来到栅栏边，对小男孩说："儿子，你做得很好。但是，你看一看那些钉子在栅栏上留下的那么多小孔，栅栏再也不会是原来的样子了。当你向别人发过脾气之后，你的言语就像这些钉孔一样，会在人们的心灵中留下瘢痕。你这样做就好比用刀子刺向某人的身体，然后再拔出来。"

资料来源：张振玲．坏脾气与钉子的故事．公民导刊，2003(02)．

问题：小男孩的故事给你什么启示？

_____

_____

_____

_____

_____

小李的麻烦

小李最近不知道怎么得罪小杨了，每次碰面，小杨都冷嘲热讽、指责谩骂。终于有一次，小李被激怒了，非常生气。准备挥拳过去时他马上觉察到自己的这种情绪变化，于是他提醒自己，要保持理性。小李内心自我调节了一下，迅速化解了不良感觉，他决定采取一个合适的措施来解决他和小杨之间的问题。

问题：面对小李遇到的情况，你有什么样的处理方法？

_____

_____

_____

_____

能力训练

1. 任务描述

按照班级人数随机分组，各组成员采用各种途径收集不同的表情图片，然后小组一起讨论，观察归纳出不同情绪状态下人的表情特征，并把总结的结果结合图片在班级上进行展示。

2. 任务目标

1)提高学生的观察和感知他人情绪的能力。

2)帮助学生认识和了解表情与情绪的关系。

3. 任务规则

1)小组成员分工抓拍他人的瞬间表情或者收集网络上瞬间表情图片。

2)小组总结不同情绪下表情特征时，要注意言语文明。

3)小组展示采用图片和文字相结合的形式。

4)用网络资源收集材料时不要做与课堂任务无关的事情。

4. 任务实施

（1）任务材料

人的表情主要有三种方式：面部表情、语言声调表情和身体姿态表情。面部是最有效的表情器官，面部表情的发展在根本上来源于价值关系的发展，人类面部表情的丰富性来源于人类价值关系的多样性和复杂性。人的面部表情主要表现为眼、眉、嘴、鼻、面部肌肉的变化。

1）面部表情。

眼：眼睛是心灵的窗户，能够最直接、最完整、最深刻、最丰富地表现人的精神状态和内心活动，它能够冲破习俗的约束，自由地沟通彼此的心灵，能够创造无形的、适宜的情绪气氛，代替词汇贫乏的表达，促成无声的对话，使两颗心相互进行神秘的、直接的窥探。眼睛通常是情感的第一个自发表达者，透过眼睛可以看出一个人是欢乐还是忧伤，是烦恼还是悠闲，是厌恶还是喜欢。从眼神中有时可以判断一个人的心是坦然还是心虚，是诚恳还是伪善：正眼视人，显得坦诚；躲避视线，显得心虚；斜着眼睛，显得轻佻。眼睛的瞳孔可以反映人的心理变化：当人看到有趣的或者心中喜爱的东西时，瞳孔就会扩大；而看到不喜欢的或者厌恶的东西，瞳孔就会缩小。目光可以委婉、含蓄、丰富地表达爱抚或推却、允诺或拒绝、央求或强制、讯问或回答、谴责或赞许、讥讽或同情、企盼或焦虑、厌恶或亲昵等复杂的思想和愿望。眼泪能够恰当地表达人的许多情感，如悲痛、欢乐、委屈、思念、温柔、依赖等。

眉：眉间的肌肉皱纹能够表达人的情感变化。柳眉倒竖表示愤怒，横眉冷对表示敌意，挤眉弄眼表示戏谑，低眉顺眼表示顺从，扬眉吐气表示畅快，眉头舒展表示宽慰，喜上眉梢表示愉悦。

嘴：嘴部表情主要体现在口形变化上。伤心时嘴角下撇，欢快时嘴角提升，委屈时噘起嘴巴，惊讶时张口结舌，愤恨时咬牙切齿，忍耐痛苦时咬住下唇。

鼻：厌恶时耸起鼻子，轻蔑时嗤之以鼻，愤怒时鼻孔张大，鼻翼翕动，紧张时鼻腔收缩，屏息敛气。

面部：面部肌肉松弛表明心情愉快、轻松、舒畅，肌肉紧张表明痛苦、严峻、严肃。

一般来说，面部各个器官是一个有机整体，协调一致地表达出同一种情感。当人感到尴尬、有难言之隐或想有所掩饰时，其五官将出现复杂而不和谐的表情。

2）语言声调表情。

语言本身可以直接表达人的复杂情感，如果再配合以恰当的声调（如声音的强度、速度、声调、旋律等），就可以更加丰富、生动、完整、准确地表达人的情感状态，展现人的文化水平、价值取向和性格特征。

根据语言声调的不同特点可以判断人的情绪状态和性格特征：悲哀时语速慢，音调低，音域起伏较小，显得沉重而呆板；激动时声音高且尖，语速快，音域起伏较大，带有颤音；说话语速较快，口误又多的人被认为地位较低且又紧张；说话声音响亮，慢条斯理的人被认为地位较高、悠然自得；说话结结巴巴，语无伦次的人缺乏自信，或者言不由衷；男声中若带气息声，被认为较年青，富有朝气，富有艺术感；女声若带有气声，被认为美妙动人，富有女性味；平板的声音被认为冷漠、呆滞和畏缩；喉音使男性显得成熟、世故和老练，判断力强，但使女性失去魅力；女中音和男低音代表暴躁气质；女高音和男高音多属于活泼型的人；急剧的变调对比表达暴躁气质；音调的抑扬婉转显露活泼的天性，表明气质温和柔顺；旋律可以表达人的欢乐与苦闷，希望与企盼。

判断人的说话情绪和意图时，不仅要听他说些什么，还要听他怎样说，即从他说话声音的高低、强弱、起伏、节奏、音域、转折、速度、腔调和口误中领会其"言外之意"。语言交谈能够沟通思想，促进相互了解，语言的声调使语言本身具有更多的感情色彩，从而揭示出人的思想、感情和意向的精微之处，而这非词汇所能完全表达的。任何事物都可以用最体面的语言来讲述，而不至于流于粗俗，问题只在于思想是否丰富，语言是否和谐、比喻是否恰当、礼貌是否周到、时机是否适当。

3）身体姿态表情。

人的情感状态、能力特性和性格特征有时可以通过身体姿态来自发地或有意识地表达出来，从而形成身体姿态表情。当人处于强烈的兴奋、紧张、恐惧、愤怒等情感状态时，往往抑制不住身体姿态的表情变化，演员则经常通过夸张的身体姿态来有意识地表达角色的情感变化。

人的身体姿态表情是丰富多样的。正襟危坐可知其恭谨或紧张，坐立不安可知其焦急慌神，手舞足蹈可知其欢乐，捶胸顿足可知其懊恼，拍手时可知其兴奋，振臂时显得慷慨激昂，握拳时显得义愤填膺，搓手不停时表示心中烦躁不安。轻盈的脚步可看出心情愉快，沉重而不均匀的脚步表明处境不佳，迟缓的脚步表明心事重重，铿锵有力的脚步表明勇敢与坚强。昂首挺胸表明自信与自豪，点头哈腰表明顺从与谦恭，手忙脚乱表明心情紧张，全身颤抖又冒虚汗表明心虚害怕。

（2）收集图片（表 5-1）

表 5-1

图片编号	图片来源	图片的表情内容

（3）表情与情绪关系讨论（表 5-2）

表 5-2

情绪类型	表情特征

（4）小组展示说明（表 5-3）

表 5-3

组别	情绪类型	表情特征描绘

5. 任务反馈(表 5-4)

表 5-4

组别	情绪类别个数	表情特征表述准确度	综合评定

知识拓展

1. 情绪与情感

(1)情绪、情感的含义

情绪是一种以生理唤起水平、表情和主观感受的变化为特征的心理现象。情感是使人对客观事物是否满足自己的需要而产生的态度体验。情绪、情感是以个体的愿望和需要为中介的。当客观事物或情境符合个体的需要时,个体就会产生积极的、肯定的情感;否则会带来消极的、否定的情感。如个体为自己的作品获奖感到高兴,为失去亲人而感到痛苦。情绪的表现形式有高兴、生气、痛苦、憎恶、恐惧等。

（2）情绪和情感的区别和联系

1）情绪和情感的区别。情绪主要指感情过程，即个体的需要与情境相互作用的过程，也就是脑神经机制的活动过程。情绪具有较大的情景性、激动性和暂时性，往往随情景的改变和需要的满足而减弱和消失。如高兴时手足舞蹈，愤怒时暴跳如雷。

情感指某种体验和感受，常用来描述稳定的，有深刻社会意义的感情，如对祖国热爱，对母亲的感激，对美的欣赏等。

2）情绪和情感的联系。情绪和情感相互依存，不可分离。稳定的情感是在情绪的基础上形成的，情绪的积累形成了稳定的情感。情感通过情绪得以表达，如对母亲的感激，往往在特殊的时候表现出来。

情绪离不开情感，情绪的变化反映情感的深度，在情绪中蕴含着情感。例如，接受喜欢的花很兴奋，就蕴含着对美的欣赏之情。

（3）情绪和情感的功能

1）适应功能。婴儿早期通过情绪来传递信息，表达自己的需要，获得成人的关心。成人生活中，通过情绪与他人交流，表达自己的生存状况和需要，如愉快表明生存状况良好，痛苦表示处境困难，同时根据对方情绪和情感了解对方的需要，并采取相应措施。例如：婴儿出生头一个月就有至少三种表情：一般的痛苦、舒适、对环境感兴趣，即使是聋儿和盲儿，也有同样的表现。成人生活中，遇到危险时发出的大声呼救和恐惧的表情，即进化而来的适应性行为和求生手段。

2）动机功能。情绪、情感是动机的源泉之一，是动机的基本成分。适度的情绪兴奋，可以使身心处于最佳的活动状态，进而推动人们有效完成工作。如：适度紧张和焦虑可以成为行为动力，使人积极思考，解决问题。情绪对内驱力有放大信号的作用，成为驱使人们行为的强大动力。如在缺氧环境下，想到自己心脏不好，感到害怕，于是就产生了强大的驱动力量，使自己赶紧脱离现场。

3）组织功能。心理学家提出情绪作为脑内的检测系统，对其他心理活动具有组织作用。积极情绪的协调作用：如中等强度的愉快情绪可以提高认知成绩。消极情绪的破坏作用：如恐惧、痛苦等消极情绪水平越高，认知活动成绩越差。积极情绪使行为开放，容易看到事物美好一面，愿意接纳事物。消极情绪使个体感到悲观、失望，接纳程度下降，攻击性增强。

4）信号功能。情绪和情感在人际间具有传递信息，沟通思想的功能，并通过表情来实现。作为言语交流的重要补充，如语调不同可能表达的信息不同。在一些场合，只能用表情来传递信息。如婴儿只能用表情来表达需要，获得成人关注。

2. 情绪分类

1）原始的基本情绪：快乐、愤怒、悲哀、恐惧。

2）感觉刺激引发的情绪：疼痛、厌恶、轻快。

3）与自我评价有关的情绪：成功感—失败感，骄傲—羞耻。

4）与别人有关的情绪：经过一定时间，表现为爱—恨。

5）与欣赏有关的情绪：惊奇、敬畏、美感、幽默。

6）最为持久的情绪：心境。

3. 情绪 ABC 理论

美国的心理学家艾利斯提出这样的观点。他认为人的情绪的产生是一个被称作 ABC 的过程。A 是指诱发性事件（Activating events）；B 是指个体在遇到诱发性事件后产生的信念（Beliefs），即对这一事件的看法、解释和评价；C 是指特定情景下，个体的情绪及行为的后果（Consequence）。

通常观点认为是 A 引起了 C，而艾利斯则认为 A 是引起 C 的间接原因，更直接的原因是 B。也就是说，人们对事物的看法不同，会引起行为和情绪的不同。因此，在受到情绪困扰的时候，我们可以通过调节自己认识的方式来调节情绪，通过改变对事物的看法，来达到调节情绪的作用。

依据 ABC 理论，分析日常生活中的一些具体情况，会发现人的不合理观念常常具有以下三个特征：

一是绝对化的要求。指人们常常以自己的意愿为出发点，认为某事物必定发生或不发生的想法。它常常表现为将"希望""想要"等绝对化为"必须""应该"或"一定要"等。例如"我必须成功""别人必须对我好"等。这种绝对化的要求之所以不合理，是因为每一客观事物都有其自身的发展规律，不可能依个人的意志为转移。对于某个人来说，他不可能在每一件事上都获成功，他周围的人或事物的表现及发展也不会依他的意愿来改变。因此，当某些事物的发展与其对事物的绝对化要求相悖时，他就会感到难以接受和适应，从而极易陷入情绪困扰之中。

二是过分概括化。这是一种以偏概全的不合理思维方式的表现，它常常把"有时""某些"过分概括化为"总是""所有"等。这就好像凭一本书的封面来判定它的好坏一样。它具体体现在人们对自己或他人的不合理评价上，典型特征是以某一件或某几件事来评价自身或他人的整体价值。例如，有些人遭受一些失败后，就会认为自己"一无是处、毫无价值"，这种片面的自我否定往往导致自暴自弃、自罪自责等不良情绪。而这种评价一旦指向他人，就会一味地指责别人，产生怨恨、敌意等消极情绪。我们应该认识到，"金无足赤，人无完人"，每个人都有犯错误的可能性。

三是糟糕至极。这种观念认为如果一件不好的事情发生，那将是非常可怕和糟糕的。例如，"我没考上大学，一切都完了""我没当上经理，不会有前途了"。这种想法是非理性的，因为对任何一件事情来说，都会有比之更坏的情况发生，所以没有一件事情可被定义为糟糕至极。但如果一个人坚持这种"糟糕"观时，那么当他遇到他所谓的百分之百糟糕理论内容的事时，他就会陷入不良的情绪体验之中，而一蹶不振。

因此，在日常生活和工作中，当遭遇各种失败和挫折，要想避免情绪失调，就应多检查一下自己的大脑，看是否存在一些"绝对化要求""过分概括化"和"糟糕至极"等不合理想法，如有，就要有意识地用合理观念取而代之。

学习评价

以小组为单位，展示各组在本节学习过程的材料及相关成果。根据表5-5，对本节所有的学习活动进行评分。

表 5-5

评 价 内 容	分值	评 分		
		自我评价	小组评价	教师评价
对于本节的学习目标是否明确	5			
学习引导内容的分析是否认真、透彻	10			
有关表情的任务材料掌握程度	10			
能力训练中的任务参与积极性和分析的透彻性	25			
学习知识部分的内容是否掌握	20			
学习过程的人员分工是否合理	5			
学习过程中任务材料是否完整	10			
学习过程中自我情绪的体察能力	15			
合计				
综合平均得分				

第二节 调控情绪——自我做主

学习目标

1. 会分析情绪产生的原因。
2. 掌握控制情绪的方法。

学习引导

竞选人的情绪管理

在20世纪60年代早期的美国，有一位很有才华、曾经做过大学校长的人，出马竞选美国中西部某州的议会议员。此人资历很高，又精明能干、博学多识，看起来很有希望赢得选举的胜利。但是，在选举的中期，有一个很小的谣言散布开来：三四年前，在该州首府举行的一次教育大会中，他跟一位年轻女教师"有那么一点暧昧的行为"。

这实在是一个弥天大谎，这位候选人对此感到非常愤怒，并尽力想要为自己辩解。由于按捺不住对这一恶毒谣言的怒火，在以后的每一次集会中，他都要站起来极力澄清事实，证明自己的清白。其实，大部分的选民根本没有听到过这件事，但是，现在人们却越来越相信有那么一回事，真是越抹越黑。公众们振振有词地反问："如果他真是无辜的，他为什么要百般为自己狡辩呢？"如此火上加油，这位候选人的情绪变得更坏，也更加气急败坏声嘶力竭地在各种场合下为自己洗刷，谴责谣言的传播。

然而，这却更使人们对谣言信以为真。最悲哀的是，连他的太太也开始转而相信谣言，夫妻之间的亲密关系被破坏殆尽。最后他失败了，从此一蹶不振。

1980年美国总统大选期间，里根在一次关键的电视辩论中，面对竞选对手卡特对他在当演员时期的生活作风问题发起的蓄意攻击，丝毫没有愤怒的表现，只是微微一笑，诙谐地调侃说："你又来这一套了。"一时间引得听众哈哈大笑，反而把卡特推入尴尬的境地，从而为自己赢得了更多选民的信赖和支持，并最终获得了大选的胜利。

资料来源：杭大庆. 学会回避. 家庭中医药，2004(09).

问题：人们在生活中有时会遇到恶意的指控、陷害，更经常会遇到种种不如意。有的人会因此大动肝火，结果把事情搞得越来越糟。而有的人则能很好地控制住自己的情绪，泰然自若地面对各种刁难和不如意，在生活中立于不败之地。生活中，你有过被人诬陷的经历吗？你当时是怎么处理的？

_____

_____

_____

林肯的建议

有一天，陆军部长斯坦顿来到林肯那里，气呼呼地对他说，一位少将用侮辱的话指责他。林肯建议斯坦顿写一封内容尖刻的信回敬那家伙。

"可以狠狠地骂他一顿。"林肯说。

斯坦顿立刻写了一封措辞强烈的信，然后拿给林肯看。

"对了，对了！"林肯高声叫好，"要的就是这个！好好教训他一顿，写得太棒了。"

但是当斯坦顿把信叠好装进信封里时，林肯却叫住他，问道："你干什么？"

"寄出去呀。"斯坦顿有些摸不着头脑了。

"不要胡闹，"林肯大声说，"这封信不能发，快把它扔到炉子里去。凡是生气时写的信，我都是这么处理的。这封信写得好，写的时候你已经解了气，现在感觉好多了吧，那么就请你把它烧掉，再写第二封信吧。"

问题：林肯建议的办法其实是用一种无害的途径来发泄有害的情绪，控制不良情绪发展的。请说明现实生活中你控制情绪的方法。

_____

_____

_____

小李为什么被炒掉

小李是技师学院毕业的学生，临近毕业时与一家公司签订了实习合同，毕业后就到该家公司上班。但他参加工作不久，就表现出非常浮躁的情绪，工作态度出现变化。他对一些没有上过职校和通过技能培训的同事投去鄙夷的目光，让其他同事感觉难以忍受。他自己却不以为然，他认为自己的技能水平比他们高，拥有特殊的"身份"。

这些事被老板知道了，就把他叫到办公室，严厉批评他的同时又给他讲了很多为人处世的道理。小李非常不服气，加上长这么大，从来没有人这么严厉地批评过自己，就一时冲动，和老板争执起来，不仅把自己的技能水平挂在嘴边，还一直说老板的眼光差，找到太多没有素质的员工。

老板开始没有作声，任由小李在那里大吼大叫。等小李吵累了，老板平静地对他说："既然你有这么高的水平，留在本公司实在大材小用了，从明天开始，你就另谋高就吧！"

小李呆住了……

问题：请说明你遇到与小李一样的情况时，控制情绪的方法。

_____

_____

_____

_____

能力训练

1. 任务描述

按照班级人数分组，各组成员通过抽签决定情景话剧的主题，围绕情绪的各种表现形式分角色进行扮演排练，然后向其他同学进行展示。教师和学生代表分别对各小组的表现进行点评和总结。

2. 任务目标

1）提高学生对情绪产生原因的分析能力。
2）提高自我情绪控制的能力。

3. 任务规则

1）按照教师要求分组，每组以 5～7 人为宜。
2）每个组抽签决定其中一个情景来进行话剧表演。
3）每组表演完派一名小组代表进行总结，教师进行点评。
4）各小组表演完，选出最佳组员和最佳团队各一个。

4. 任务实施

(1)情景话剧主题内容
1）你刚把宿舍卫生打扫完，其他同学就把地面踩得很脏。
2）你在公交车上被人踩了一脚，此人还出言不逊。
3）同学们给你起了一个难听的绰号并当面喊你。
4）中午你很饿，在食堂排队买饭，这时却有人插队。
5）在某次技能大赛中你获得了第一名，同宿舍的舍友都来为你庆贺。
(2)话剧表演方案设计
1）话剧主题：＿＿＿＿＿＿＿＿。
2）话剧情景设计。
情景 1 内容：＿＿＿＿＿＿＿＿＿＿＿＿＿＿＿＿＿＿

＿＿＿＿＿＿＿＿＿＿＿＿＿＿＿＿＿＿＿＿＿＿＿＿＿＿＿＿＿＿

设计目的：＿＿＿＿＿＿＿＿＿＿＿＿＿＿＿＿＿＿＿＿
情景 2 内容：＿＿＿＿＿＿＿＿＿＿＿＿＿＿＿＿＿＿

＿＿＿＿＿＿＿＿＿＿＿＿＿＿＿＿＿＿＿＿＿＿＿＿＿＿＿＿＿＿

设计目的：＿＿＿＿＿＿＿＿＿＿＿＿＿＿＿＿＿＿＿＿
情景 3 内容：＿＿＿＿＿＿＿＿＿＿＿＿＿＿＿＿＿＿

＿＿＿＿＿＿＿＿＿＿＿＿＿＿＿＿＿＿＿＿＿＿＿＿＿＿＿＿＿＿

设计目的：＿＿＿＿＿＿＿＿＿＿＿＿＿＿＿＿＿＿＿＿

情景 4 内容： _____

_____

设计目的： _____

情景 5 内容： _____

_____

设计目的： _____

3）话剧参与人员及角色分配（表 5-6）。

表 5-6

组别	角色	表演主要内容

（3）各组进行话剧表演展示

（4）小组代表总结和教师点评

小组代表发言总结话剧中的情绪表演内容、情绪表达的技巧以及情绪处理的方法。

小组 1： _____

_____

_____

小组 2： _____

_____

_____

小组 3： _____

_____

_____

小组 4： _____

_____

_____

小组 5： _____

_____

_____

教师进行综合点评： _____

_____

_____

_____

5. 任务反馈

教师和各小组组长进行综合评价(表5-7),选出最佳组员和最佳团队。

表 5-7

组别	表演主要内容	综合评价	最佳表演者	最佳团队

知识拓展

1. 情绪调节的方法

(1)学会宣泄

学会宣泄,是指通过适当的方式与途径将不良情绪宣泄出来。一般来说,主要有这么几种:

1)哭。哭是人类的一种本能,是人的不愉快情绪的直接外在流露。哭,可以让不良情绪随着眼泪释放出来,对消极情绪起到缓解作用。

2)喊。当有不满情绪积压在心中时,可以到空旷的地方去大喊几声,也可以唱唱歌,吼几声,发泄心中的一股"气"。

3)诉。当不愉快时,不要自己生闷气,要学会倾诉。朋友聚一聚,把自己积郁的消极情绪倾诉出来,以得到朋友的同情、开导和安慰。不过要指出的是倾诉的对象不仅仅是朋友,还可以是亲人、老师、同学等。正如著名哲学家培根说过,"如果你把快乐告诉一个朋友,你将得到两个快乐;如果你把忧愁向一个朋友倾诉,你将被分掉一半忧愁。"

4)动。打打球、散散步,跑两圈,对着沙袋或墙壁痛击一阵,也可以参加一些重体力劳动,这样一来就可以把心理上的负荷变为体力上的能力释放出去,气也就顺些了。

现实生活中宣泄的方法很多,人与人因个体差异和所处环境、条件各异,采用宣泄的方式也会不同。

(2)学会转移

所谓学会转移,就是说为了控制住不良情绪,可以有意识地转移注意力,把注意力从引起不良情绪反应的情境转移到其他事物或活动上去。比如,到田野里走一走,散散步,呼吸一下新鲜空气,放松一下心情;做一些自己平时非常感兴趣的事,如摆弄摆弄花草树木，拿出笔纸写写画画，到河边钓鱼，听音乐，和朋友一起打球、游泳，也可以读小说，看书报杂志等。总之，一旦不良情绪来了，就要学会有意识地把这些不良情绪转移开，这样紧绷的神经就可以松弛一下，不良情绪常常可以得到减轻或排解。

（3）学会控制

所谓学会控制，就是在陷入不良情绪时，要主动调动理智这道"闸门"的力量，控制不良情绪。当你将要发怒的时候，可以这样来暗示自己："别做蠢事，发怒是无能的表现。发怒既伤自己，又伤别人，还于事无补。"又如，当在学习中感到急躁厌烦时，可以自言自语："不要急躁厌烦，急躁厌烦无济于事，只会有害无益，只有刻苦用功，坚持不懈，才能取得成功。"这样你就会有可能心平气和，安静下来。

（4）学会改变

所谓学会改变，就是指改变对引起不良情绪的事物的看法，以改变我们的不良情绪。不良情绪的产生，通常是由于我们只注意到事物的负面或暂时困难的一面。如果换个角度，把注意力集中到事物的正面或光明的一面，我们就会看到解决问题的希望，从而乐观、自信起来。比如，某同学在一次期中考试时，把本属自己强项的数学考砸了，回到家还挨了父母的批评。按正常情况，该同学应情绪低落，"为什么自己的强项考砸了呢？"可该同学却是这样做的，先将试卷认真分析了一下，发现自己没有考好的原因主要在于粗心，同时也发现自己在答题时逻辑思维缜密。然后该同学在此基础上得出，"原来我还是很棒。只要改掉粗心习惯，我一定会更优秀的。"这位同学的做法就是"改变"。

（5）学会自我疏导

人在遇到不良情绪的时候，如果不能自我调节，就会丧失继续前进的勇气。如果善于自我排解、自我疏导，就能将不良情绪转化为积极情绪。

要有难得糊涂的精神。在一些非原则性的问题上"糊涂"一下，无疑能避免不必要的精神痛楚和心理困惑。

要有快速健忘的勇气。对痛苦的不快的记忆和积累是一种穿肠的毒药。对于这些麻烦事的忘记，也是避免情绪波动最直接有效的方法。

要有提高自我评价的意识。一些不良情绪的出现，常常是因为不能正确评价自己造成的。既不要把自己估计过高，也不要估计过低；既不要因为自己有某些长处而骄傲自满，又不要因为自己的某些缺点短处而自卑自责。正确地看待自己的能力和水平，会减少烦恼，保持乐观奋发向上的心态。

2. 情绪放松训练操

情绪放松训练操是一种从外到内，从生理到心理的全方位放松的方法。你在掌握这套操的同时不断体会自身轻松愉悦的心境。本方法一共分为如下 3 个主要步骤：

（1）肌肉放松训练

要领：使身体的每一处肌肉都处于收紧和松弛两种状态，体会肌肉的紧张感和轻松感，将心理的紧张或焦虑集中在生理状态的改变上。在练习时，只需要以最舒服的姿势坐着或躺着，在安静的环境下，很自然地感受身体放松和紧绷的感觉。如：放松的顺序是手臂部——头部——躯干部——腿部，反复练习 3 遍。

手臂部肌肉放松：握紧拳头—放松；伸展五指—放松；收紧二头肌—放松；收紧三头肌—放松；耸肩向后—放松；提肩向前—放松；保持肩膀平直转头向右—放松；保持肩膀平直转头向左—放松；屈颈使下颚触到胸部—放松。

头部肌肉放松：尽力张大嘴巴—放松；闭口咬紧牙关—放松；尽可能伸长舌头—放松；尽可能卷起舌头—放松；舌头用力抵住上腭—放松；舌头用力抵住下腭—放松；用力张大眼睛—放松；紧闭双眼—放松。

躯干部肌肉放松：尽可能深吸一口气—放松；肩胛抵住椅子，躬背—放松；收紧臀部肌肉—放松，臀部肌肉用力抵住椅子—放松。

腿部肌肉放松：伸腿并抬高 15～20 厘米—放松；尽可能收腹—放松；绷紧并挺腹—放松；伸直双腿，脚趾上跷—放松；屈脚趾—放松；跷脚趾—放松。

（2）呼吸放松

在做过肌肉渐进放松以后，我们来做呼吸放松，调节全身的气息，让自己平静下来，去体会轻松愉快的心境，体会全身上下都很放松的感受。

先是平静的呼吸，调整气息，到达均匀呼吸状态；慢慢地吸气，然后慢慢地把气呼出来，就像深呼吸一样，体会全身的紧张与松弛，让自己有一种缓下气来的感觉，也就不再那么紧张了。调整呼吸，平静、有节奏地吸气和呼气。

（3）想象放松法

它来源于催眠疗法的启示，也就是通过暗示的办法使个体放松的目的。在做过前两种放松以后，个体已经差不多平静下来，如果加上自己的想象、暗示等，就会感到更加舒适、轻松。方法如下：

1）先想象自己在一个很美丽、很舒适的环境里面，比如：海面上、草坪上，周围是山、水、到处充满绿色等，只要自己觉得舒适即可。

2）然后让自己体会，我很舒服，我很自在，我很安全等感觉。如：我仰卧在水清沙白的海滩上，沙子细而柔软。我感到很舒服，能感到阳光的温暖，耳边听到大自然的声音。微风轻轻吹来，划过我的脸，我感到无比的清凉与惬意，我的思绪随着潮水慢慢地游荡、游荡……阳光照在我的身上，我感到温暖，我的头也暖暖的、沉沉的，随着阳光，我的思绪飘向远方……暖流在我身体的每个角落流淌，从头到脚、从左到右，我感到自己已经飞了起来，越飞越高，越飞越远……

在想象放松的过程中，个体就全然进入自己的个人世界，注意也集中在自己设计的美好和温暖中，不再紧张、不再害怕，一切都是那么平静和惬意。

3. 情绪自控能力测试

1）遇到令人难堪的事，你一般是如何处理的？

A. 心里感到很难受，并且持续很长一段时间

B. 说不清 　　　　　　　　C. 一笑了之

2）别人生气时，你也会生气吗？

A. 经常会生气 　　　　　B. 不一定 　　　　　C. 偶尔生气

3）考试不幸失败了，你会：

A．很消沉，自我埋怨　　　B．不一定

C．静下心来，分析失败的原因，以求下次成功

4）同别人相比，你通常是：

A．忧郁苦闷的　　　　　B．说不清　　　　　C．活泼开朗的

5）对自己过去所做的事，你的评价是：

A．一无是处　　　　　　B．说不清

C．有成功也有失意，但我都能坦然接受

6）心里不舒服时，你一般采取什么方式处理？

A．自己忍受　　　　　　B．不知道

C．找朋友倾诉或采取其他合理方式宣泄

7）你是一个容易紧张的人吗？

A．是　　　　　　　　　B．说不清　　　　　C．不是

8）你无缘无故觉得"真是难受"：

A．经常　　　　　　　　B．很少时候　　　　C．偶尔

9）你是否常常为自己不该做而做了的事、不该说而说了的话而紧张？

A．经常　　　　　　　　B．很少时候　　　　C．偶尔

10）你容易激动吗？

A．经常　　　　　　　　B．很少时候　　　　C．偶尔

11）你常有"厌倦"之感吗？

A．经常　　　　　　　　B．很少时候　　　　C．偶尔

12）面临一些重大的人生选择时，你一般如何处理？

A．紧张得不知该怎么办　B．自作主张

C．征求别人的意见，使选择更合理，更完善

13）别人认为你是一个容易紧张的人吗？

A．是　　　　　　　　　B．不知道　　　　　C．否

14）同事间发生争执，你如何处理？

A．帮一方说话　　　　　B．任其发展　　　　C．予以劝解

15）上级给予你不公正的评价时，你会：

A．公开与之争吵　　　　B．尽量忍受，但心里很不舒服

C．不当场发表评论，事后再向他解释

16）你对做事认真但动作很慢的朋友

A．不耐烦　　　　　　　B．无所谓　　　　　C．可以理解

17）心情好坏对你的学习有影响吗？

A．影响很大　　　　　　B．不一定　　　　　C．没有太多影响

18）遇到一次难堪的经历，对你的影响一般要持续多长时间？

A．半年以上　　　　　　B．三个月到半年　　C．三个月以下

19）别人发表不同观点时，你一般会：

A. 马上反驳　　　　　　B. 不一定　　　　C. 耐心听其说完

20）你经常会反思自己的情绪表现吗？

A. 经常　　　　　　　　B. 很少时候　　　C. 偶尔

【记分规则与结果解释】

A—1分，B—2分，C—3分。

说明：分数小于20分，说明你情绪自控能力很差，还须要努力；分数在20～40分，说明你情绪自控能力一般；分数大于40分，说明你情绪自控能力较好。

学习评价

以小组为单位，展示各组在本节学习过程的材料及相关成果。根据表5-8，对本节所有的学习活动进行评分。

表 5-8

评价内容	分值	评分		
		自我评价	小组评价	教师评价
对于本节的学习目标是否明确	5			
学习引导内容的分析是否认真、透彻	15			
能力训练中的情绪扮演任务参与积极性	15			
情绪扮演任务中情绪表达和控制的能力	30			
学习知识部分的内容是否掌握	15			
学习过程的人员分工是否合理	5			
学习过程中任务材料是否完整	5			
学习过程中自我情绪管理能力	10			
合计				
综合平均得分				

第六章

自我挫折管理

认识挫折——感悟人生

学 习 目 标

1. 了解挫折及挫折类型。
2. 理解挫折和成长的关系。

学习引导

驴子的故事

　　一头驴子掉进了一口枯井，它哀怜地叫喊求救，期待主人把它救出来。驴子的主人召集了数位亲邻出谋划策，还是想不出好的办法搭救驴子。大家都认定，反正驴子已经老了，况且这口枯井早晚也是要填上的。于是人们拿起铲子，开始填井。当第一铲土壤落到枯井时，驴子叫得更恐怖了，它显然明白了主人的意图。当又一铲土壤落到枯井中，驴子出乎意料地安静了。人们发现，此后每一铲土壤落到它背上的时候，驴子没有哀叫求助和一味地抱怨主人，而是冷静地在做一件令人惊奇的事情，它努力抖落背上的土壤，踩在脚下，把自己垫高一点儿。人们不断把土壤往枯井里铲，驴子也就不停地抖落身上的土，使自己再升高一点儿。就这样，驴子慢慢地升到枯井口，在旁人惊奇的目光中，潇洒地走出了枯井。

　　资料来源：李辉. 动物的故事带来的启示. 初中优秀作文，2010(06).

问题：寓言中说明了什么道理？

_____

_____

_____

_____

"牛顿——受辱发奋"

牛顿小时候很聪明，但读书并不用心，都把心思用到做手工、想问题上了，所以在老师、同学的心目中，他是一个笨孩子。有一次，他自己做了一架小风车带到学校。同学们都围拢过来看。正在一帮小家伙眨巴着眼睛羡慕牛顿的时候，一个同学怪声怪气地说："哟！这风车做得还怪灵巧呢！"这同学讲的是反话，因为他平时学习成绩好，一直在牛顿之上，看到牛顿在他面前表演，很不服气，于是又提高嗓门说："你这小风车外形造得还可以，可它为什么会转动，你懂得这原理吗？"牛顿一时答不上来，脸就红了。那位同学劲头更足了："哼！说不出来吧，可怜！自己做的东西自己讲不出原理，说明你只不过和木匠一样！"牛顿被他这番话羞得无地自容，他哭丧着脸，走开了。这时，围在牛顿身边的一群小同学也一个个对他另眼看待了。"木匠！木匠！连原理都讲不出来，还在这里显示！"说着，有的同学就动手打他的风车，别的同学也跟上去，七手八脚把牛顿的小风车打了个稀巴烂。

牛顿心里很难过，眼泪一滴滴地流下来，事后他细想：这些同学为什么欺侮我呀？还不是我自己不争气？自己为什么不下决心把功课学好呢？夜已经深了，小牛顿还在想白天发生的事。最后下了决心：一定要把功课学好。人小志不小，小牛顿自从立志勤学后，好像换了个人似的，上课认真听老师讲课，下课认真复习功课，有空还不忘他的小手艺。不多久，他的学习成绩就赶上来了，而且超过了骂他是"木匠"的那位同学，成为班里的优秀生。

问题1：牛顿受辱后他认识到什么？后来他是怎么做的？

_____

_____

_____

问题2：对待挫折应该采取什么样的态度？

_____

_____

_____

邵兵的选择

邵兵，某职校 2007 级学生。自小父母双亡，由叔叔和婶婶抚养长大。高考时他已经过了三本分数线，但面对高昂的学费，为了给亲人减轻负担，他选择了就读技工院校，到技师学院学习数控加工技术。入学后，他利用周末和寒暑假打工挣得自己的生活费和学费。同时，他并没有因为打工而耽误学习，每学期成绩都是班级第一名，并获得了国家助学金。面对生活中的压力和困难，邵兵一次又一次地选择了坚强，积极地去面对。2011 年毕业时他以在校的优异表现和专业的技能水平找到了一份满意的工作。

问题：面对家庭的不幸或者生活中的困难，你会怎样做？

_____

_____

_____

_____

能力训练

1. 任务描述

按照教师的要求分好小组，小组讨论填写挫折分析表和针对给出的挫折事件探讨解决办法，最后选择一句励志名言作为自己的座右铭。

2. 任务目标

1）培养学生分析问题和解决问题的能力。

2）引导学生以正确的态度面对挫折，提高自己的耐挫力。

3. 任务规则

1）班级按照教师要求分成 4～6 人的小组，以小组为单位讨论填写挫折分析表，时间在 20 分钟内。

2）以小组为单位分析案例，讨论挫折应对策略，时间 15 分钟。

3）确定自己面对挫折的名言要发自肺腑，不要人云亦云，模仿他人。

4）进行任务实施时，要求每位同学积极参与。

5）教师观察学生课堂表现，给予成绩评定。

4. 任务实施

（1）填写挫折分析表

小组成员列举自己曾经遇到的挫折或者正在遇到的挫折，按照挫折的类型确定其类别，说明当时的反映状况，小组讨论其解决措施（参考后面的知识内容，填写表 6-1）。

表 6-1

挫折事件	挫折类别	反映状况	解决措施

（2）分析案例，商讨措施

假设你关系最好的同学遇到了危机，他的父母离婚，使他大受打击，你将怎样帮助他？请列出你的帮助方案（表 6-2），并分析这些方案的可行性。

表 6-2

解决方案	优点	不足
①		
②		
③		
④		

（3）挫折励志名言汇集（表 6-3）

组别＿＿＿＿＿＿＿＿

表 6-3

小组成员	挫 折 励 志 名 言

5. 任务反馈

由小组组长填写组员在分析讨论中的表现（表 6-4），以优、良、中、差的成绩进行评定。

表 6-4

组别	小组成员	分析问题能力	参与活动能力	综合评定

知识拓展

1. 什么是挫折

挫折是指人们在有目的的活动中，遇到了无法克服或自以为是无法克服的障碍和干扰，使其需要或动机不能获得满足所产生的消极的情绪反应。从这个定义上可以看出，挫折这一概念包括三方面的含义。

其一，指使需要不能获得满足的内外障碍或干扰等情境状态或情境条件，如考核不及格、比赛得不到名次、受到讽刺打击等。这就是造成挫折的情境因素，也称为挫折情境。

其二，指对挫折情境的知觉、认识和评价，称为挫折认知。

其三，指伴随着挫折认知，对于自己的需要不能满足而产生的情绪和行为反应，如愤怒、焦虑、紧张、躲避或攻击等，称为挫折反应。

2. 挫折情境、挫折认知和挫折反应

当挫折情境、挫折认知和挫折反应三者同时存在时，便构成心理挫折。但如果缺少挫折情境，只有挫折认知和挫折反应这两个因素，也可以构成心理挫折。这是因为，挫折认知既可以是对实际遭遇到的挫折情境的认知，也可以是对想象中可能出现的挫折情境的认知。例如，一个人总是怀疑自己周围的同学议论自己，看不起自己，虽然事实并非如此，但他会因此而形成与同学关系上的挫折感，产生紧张、烦恼、焦虑不安等情绪反应。

还有另外一种现象。例如，某人在工作中受到讽刺、打击、嫉妒，但其本人并没有意识到这些情境因素的出现，或者虽然意识到了，但却不认为对自己有什么消极影响，反而认为这从反面证明了自己工作出色，并可以借此进一步锻炼自己的意志和才干。其主观上感受为一种激励而不是挫折，结果就不会形成心理挫折。

只有当主体将挫折情境感知为挫折时，才会产生挫折反应。反之，即使没有出现实际的挫折情境，但主体认为某种挫折情境将可能出现，如考试将会不及格，或将会遭到某人报复等，由于对其可能的后果感到担心、焦虑、恐惧等，也会产生挫折感。所以，在挫折情境、挫折认知和挫折反应这三个因素中，挫折认知是最重要的。挫折情境与挫折反应没有直接的联系，它们的关系要通过挫折认知来确定。挫折反应的性质及程度，主要取决于挫折认知。一般来说，挫折情境越严重，挫折反应就会越强烈；反之，挫折反应就越轻微。但如果个体主观上将别人认为严重的挫折情境，认知、评价为不严重，他的挫折反应就会很微弱；反之，他如果将别人认为不严重的挫折情境，认知、评价为严重，则也会引起非常强烈的情绪反应。

3. 挫折的类型

挫折虽然不能说处处都有，但是对一个人的成长来说真的是很常见，因此，我们必须学会面对挫折，应对挫折。

根据对挫折含义的理解，可以把挫折分成以下几种类型。

（1）按性质划分

按性质划分可分为来自外部情境的挫折和来自个体内部的挫折。

1）来自外部情境的挫折可分为如下类型：

①缺乏性挫折。长时间外部条件的缺乏，如幼年失去亲人，致使"爱"的长时间缺失等。

②损失性挫折。一直得到满足的需要骤然失去，如中学一直前几名的学生，到了人才济济的大学失去了优势等。

③障碍性挫折。需要、动机受到外界的干扰、阻止，如理想不能实现。

④自然性挫折。遇到重大自然灾害、天灾人祸等。

⑤社会性挫折。社会政治、经济政策变动，道德、风俗的改变带来的影响，生活的创伤等。

⑥频繁性挫折。如考试经常不及格等。

2）来自个体内部的挫折可分为如下类型：

①缺陷性挫折。自己生理缺陷、疾病、其他个体内部条件的缺陷，如相貌、性格等。

②抑制性挫折。自己做错了事的后悔、内疚，如本应该帮助同学，但一时自私没有去做等。

③认知性挫折。对事物错误的估计和评价，能力和期望的矛盾、动机冲突等。

（2）按内容划分

按内容划分可分为如下类型：

1）学习性挫折。学习过程中种种失败。

2）交往性挫折。处理人际关系遇到的障碍和失败，交友、恋爱的失利。

3）志趣性挫折。个体的兴趣、爱好被剥夺，或强制下从事自己不愿意做的事。

4）自尊性挫折。感到生不逢时、大材小用、失去信任，被冷落、奚落。

5）情境性挫折。特定的时空限制，如孤身在外，时光流逝，来日苦短等。

4. 挫折产生的原因

挫折的原因有些是客观存在的，有些是由主观因素而产生的。因此，我们将挫折原因概括为两个方面，即客观原因和主观原因。

（1）客观原因

客观原因也叫外部原因，是指由于客观因素给人带来的阻碍和限制，使人的需要不能满足而引起的挫折。它包括自然因素和社会因素。

1）自然因素。包括各种由于非人为力量所造成的时空限制、天灾地变等因素。如工人在施工中因意外导致受伤致残，家里遭受洪水、地震等自然灾害破坏，亲人生老病死所招致的挫折，都属于自然因素。

2）社会因素。指个体在社会生活中受到政治、经济、道德、宗教、习惯势力等因素的制约而造成的挫折，如学生在入团、入党、考学，工人在提干等愿望因为名额限制而不能实现等。同自然因素相比，社会因素给人带来的阻碍或困难更复杂、更普遍、更广泛。

（2）主观原因

主观原因也称为内部原因，是指由于个人生理心理因素带来的阻碍和限制所产生的挫折。

1）生理因素。生理因素的挫折，是指因自身生理素质、体力、外貌以及某些生理上的缺陷所带来的限制，导致需要不能满足或目标不能实现。如，有一名学生很想考军校，当军官，但因染上肝炎病不能如愿；有些年轻人找对象受了挫折，就嫌自己长得不够高大、不够英俊；学习不好就怪罪自己体质太弱或脑袋太笨等。

2）心理因素。个体因需求、动机、气质、性格等心理因素可导致活动失败、目标无法实现。在心理因素中，与挫折密切相关的主要有三点：

①个性完善程度。一个思想成熟、性格坚强、行为规范、社会适应能力强的人，做事成功率就高，动机实施也比较顺利；反之，则差。如有的人由于个性方面的问题，不喜欢与人交往，或不会协调与他人之间的关系，因而造成人际关系障碍，得不到同学或者朋友的同情与支持，导致某些需要和愿望不能实现，从而产生挫折。

②动机冲突。在现实生活中，一个人经常同时产生两个或多个动机。假如这些并存的动机受条件限制无法同时获得满足，就产生难以抉择的心理矛盾。如果这种心理矛盾持续得太久、太激烈，或者是由于一个动机得到满足，而其他动机受阻而产生挫折感。

③挫折容忍力。即个体受到挫折时保持正常行为的能力。它包括身体承受力和意志承受力等。影响挫折容忍力的因素主要有以下四种

遗传及生理条件：身体条件好比身体条件差的人容忍力要强。

生活经历和文化修养：生活经历丰富、文化修养高的人，比生活经历不足、文化修养低的人容忍力强。

对困难或障碍知觉程度：相同的挫折情境，不同的人有不同的认识感觉，获得的情绪体验也有区别，因此受到的压力和打击也不同。

性格特征：性格开朗、意志坚强、有自信心的人，比性格孤僻、意志薄弱、自信心差的人对挫折的容忍力要强。

5. 挫折励志名言选读

1）流水在碰到抵触的地方，才把它的活力解放。——歌德

2）顺境使精力闲散无用，使我们感觉不到自己的力量，但是障碍却唤醒这种力量而加以运用。——休谟

3）被克服的困难就是胜利的契机。——丘吉尔

4）短时期的挫折比短时期的成功好。——毕达哥拉斯

5）斗争是掌握本领的学校，挫折是通向真理的桥梁。——歌德

6）苦难是人生的老师，通过苦难，走向欢乐。——贝多芬

7）一个人总是有些拂逆的遭遇才好，不然是会不知不觉地消沉下去的，人只怕自己倒，别人骂不倒。——郭沫若

8）人的生命似洪水在奔流，不遇着岛屿、暗礁，难以激起美丽的浪花。
——奥斯特洛夫斯基

9）即使跌倒一百次，也要一百零一次地站起来。——张海迪

10）开发人类智力的矿藏是少不了需要由患难来促成的。要使火药发火就需要压力。
——大仲马

11）我们若已接受最坏的，就再没有什么损失。——卡耐基

12）通向人类真正伟大境界的道路只有一条——苦难的道路。——爱因斯坦

13）上天完全是为了坚强我们的意志，才在我们的道路上设下重重的障碍。——泰戈尔

14）不因幸运而故步自封，不因厄运而一蹶不振。真正的强者，善于从顺境中找到阴影，从逆境中找到光亮，时时校准自己前进的目标。——易卜生

15）人生布满了荆棘，我们想的唯一办法是从那些荆棘上迅速跨过。——伏尔泰

16）一切幸福都并非没有烦恼，而一切逆境也绝非没有希望。——培根

17）无论何时，不管怎样，我也绝不允许自己有一点灰心丧气。——爱迪生

18）在一个崇高的目标支持下，不停地工作，即使慢，也一定会获得成功。
——爱因斯坦

19）壮志与毅力是事业的双翼。——歌德

20）卓越的人一大优点是：在不利与艰难的遭遇里百折不挠。——贝多芬

21）任何高处，未有人间所不能达者。然而欲达目的，则不可不以决心和自信为之。
——安徒生

22）艺术的大道上荆棘丛生，这也是好事，常人都望而生畏，只有意志坚强的人例外。
——雨果

23）朝着一定目标走去是"志"，一鼓作气中途绝不停止是"气"，两者合起来就是"志气"。一切事业的成败都取决于此。——卡耐基

24）钢是在烈火和急剧冷却里锻炼出来的。所以才能坚硬和什么也不怕。我们的一代也是这样在斗争中和可怕的考验中锻炼出来的，学习了不在生活面前屈服。

——奥斯特洛夫斯基

25）什么是路？就是说从没路的地方践踏出来的，从只有荆棘的地方开辟出来的。

——鲁迅

26）要想不经过艰难曲折，不付出极大努力，总是一帆风顺，容易得到成功，这种想法只是幻想。

——毛泽东

27）我认为挫折，磨难是锻炼意志、增强能力的好机会。　　——邹韬奋

28）患难困苦，是磨炼人格之最高学校。　　——梁启超

29）你所经历的困境、磨难、失败都是获得成功的必经之路，勇敢吧，去挑战他们。相信自己，你会成功的！

——王绍男

30）种子不落在肥土而落在瓦砾中，有生命力的种子绝不会悲观和叹气，因为有了阻力才有磨炼。

——夏衍

31）我从来不知道什么是苦闷，失败了再来，前途是自己努力创造出来的。

——徐特立

学习评价

以小组为单位，展示各组在本节学习过程的材料及相关成果。根据表6-5，对本节所有的学习活动进行评分。

表 6-5

评 价 内 容	分值	评 分		
		自我评价	小组评价	教师评价
对于本节的学习目标是否明确	5			
学习引导内容的分析是否认真、透彻	15			
能力训练中的挫折分析任务参与积极性	15			
案例分析中挫折解决方案的可行性	30			
学习知识部分的内容是否掌握	10			
挫折名言对自我的激励程度	10			
学习过程中任务材料是否完整	5			
学习过程中表现出的挫折应对能力	10			
合计				
综合平均得分				

第二节 直面挫折——热爱生命

学习目标

1. 掌握解决挫折的方法。
2. 理解挫折对生命的意义。

学习引导

眼前的"纸板"

一个刚迈出校门的大学生，接连撞上了求职受挫、恋人分手等一大串失败。一时间，悲伤绝望弥漫了他的心头。于是，在一个华灯初上的晚上，他来到那座城市最高建筑物的楼顶，想最后看一眼多彩的人世，就悄然离去。

这时，一位老者站到了他的身后。

"多美的夜色啊!"老者由衷地赞美道。

"可惜它是别人的，跟我毫不相干。"他心里这样想着。

"年轻人，为何心事重重呢?"老者关切地问道。

"失败，还是失败，我简直太笨了，干什么都是失败。"他一脸沮丧。

"我不相信，一切真的像你所说的那样?"老者的目光满是怀疑。

"信不信由你，我是这世界上最倒霉的人。"他不想再多说了。

"那你把这块白纸板放到两眼前面，再往前看看。"老者不容置疑地命令道。

"那我什么也看不到了。"他拿着，不解地回头望着老者。

"那你拿开纸板又看到什么?"

"整个城市，眼前的楼群、行人、车辆……还有远方的群山、田野、大江……"他想说站在这座城市的制高点上，他能看到的东西实在太多了。

"其实，你把纸板放在眼前时，你就只看到了一样东西，那就是占据你整个事业的一块小小的纸板。"老者意味深长地说道。

他还想说些什么，老者竟微笑着翩然离去。他坐下来开始咀嚼老者刚才的言行。猛然间，他觉得心中一亮，茅塞顿开。他感激地朝老者离去的方向深深鞠了一躬。

后来他成了这座城市著名的企业家。

问题：这个案例给你什么启示?

_____

_____

_____

战胜残疾的巴雷尼

巴雷尼小时候因病成了残疾，母亲的心就像刀绞一样，但她还是强忍住自己的悲痛。她想，孩子现在最需要的是鼓励和帮助，而不是妈妈的眼泪。母亲来到巴雷尼的病床前，拉着他的手说："孩子，妈妈相信你是个有志气的人，希望你能用自己的双腿，在人生的道路上勇敢地走下去！好巴雷尼，你能够答应妈妈吗？"母亲的话，像铁锤一样撞击着巴雷尼的心扉，他"哇"的一声，扑到母亲怀里大哭起来。从那以后，妈妈只要一有空，就给巴雷尼练习走路，做体操，常常累得满头大汗。有一次妈妈得了重感冒，她想，做母亲的不仅要言传，还要身教。尽管发着高烧，她还是下床按计划帮助巴雷尼练习走路。黄豆般的汗水从妈妈脸上淌下来，她用干毛巾擦擦，咬紧牙，硬是帮巴雷尼完成了当天的锻炼计划。

体育锻炼弥补了由于残疾给巴雷尼带来的不便。母亲的榜样作用，更是深深教育了巴雷尼，他终于经受住了命运给他的严酷打击。他刻苦学习，学习成绩一直在班上名列前茅。最后，以优异的成绩考进了维也纳大学医学院。大学毕业后，巴雷尼以全部精力，致力于耳科神经学的研究。最后，终于登上了诺贝尔生理学和医学奖的领奖台。

问题：当出现身体的疾病或者残缺的困难时，你会怎么想？你会怎么办？

小吕的痛苦

2011 年，小吕中考失利后，经别人介绍进入技师学院学习物流专业。小吕看到很多同学或者朋友都在职校里谈恋爱，自己觉得孤单也找了个女朋友。但是小吕和女朋友由于逛街、吃饭等消费问题经常吵架。有一天，小吕的女朋友嫌小吕没钱去吃肯德基又和他吵了起来，并且叫喊着要和小吕分手。小吕很痛苦，上课也没心思。他经常抱怨现在女孩子很物质，自己的家庭太穷等，甚至开始觉得自己没了爱情活着也没意义，终于在一天从自己上课的楼上跳了下去……

小吕被送进医院，重度昏迷了一个多星期，父母从菏泽老家赶过来，老师和同学都去照料他。为了给他治病，父母花光了家里的积蓄，并且欠债十几万元。他自己因为一时的想不开，也给自己留下了终身的痛苦。虽然他最后苏醒过来，但是由于跳楼时的剧烈撞击造成了他的小脑神经严重的损害，他下半生要在轮椅上度过……他的父母就只有这么一个儿子，父母要用自己年迈的身体继续养活着他……

问题1：小吕由于失恋一时想不开的行为，造成了哪些方面的伤害？

问题 2：如果你失恋了，你会采取什么办法从失恋中走出来？

_____

_____

_____

_____

能力训练

1. 任务描述

按照教师的要求分好小组，小组抽取"命运纸牌"，然后表达各自看到"命运纸牌"时的心情，并一起探讨解决办法。

2. 任务目标

1）培养学生分析问题和解决问题的能力。

2）提高自己的耐挫力，学会珍爱生命。

3. 任务规则

1）班级按照教师要求分成 6～8 人的小组，以小组为单位抽取"命运纸牌"，并按照纸牌上的内容，谈感受，交流思考解决方法，时间在 30 分钟内。

2）讨论如何面对命运中必然会遇到的挫折。

3）要求每位同学积极参与。

4）教师观察学生课堂表现，给予评定。

4. 任务实施

（1）"命运纸牌"

教师准备命运纸牌内容：

1）我是单亲家庭。

2）我中考或高考失利了。

3）技能大赛我非常努力但是没有拿到成绩。

4）自己家里的经济比较困难。

5）我找不到工作。

6）我找不到男（女）朋友。

7）我长得比较黑。

8）我的父母下岗了。

9）我和同学打架了，我住进医院。

10）我女（男）朋友要和我分手。

11）老师对我不理不睬。

12）我失去了最好的朋友。

13）一次意外的事故，我行动不便。

14）我是过敏体质。

15）我得了不治之症。

16）老师当众批评我，让我很没面子。

17）我和同学打架，被学校开除。

18）经济环境不好，公司裁员，我被迫失业。

19）我虽然为男生，但是很矮小。

20）我长得不帅或者不漂亮。

21）我这个月生活费没有了，家里又经济困难。

22）因为打工挣钱，我的学习成绩下降了。

23）我不喜欢我自己的专业。

24）我在班上的人际关系不好。

25）我的父母只喜欢我的弟弟或者妹妹不喜欢我。

26）我的父母离异了。

27）老师说我没能力。

28）父母说我没出息。

29）我学东西比别人慢。

30）我有了网瘾。

31）我付出努力获得的成果，被我同事、同学或朋友抢走了。

32）我的女朋友被我同学抢走了。

33）我很自卑，同学都瞧不起我。

34）我觉得很孤独，没有知心朋友。

35）最心疼我的那个人去世了。

（2）小组交流获得"命运纸牌"的感受

小组讨论交流自己拿到抽到的"命运纸牌"的感受，并做好记录（表6-6）。

表 6-6

小组成员	"命运纸牌"内容	感受

（3）小组讨论应对"命运纸牌"的方法（表6-7）

表 6-7

组别	应对"命运纸牌"中描述的挫折的方法
	① ② ③
	① ② ③
	① ② ③
	① ② ③
	① ② ③

（4）每位小组成员用一句话总结关于挫折与生命的感悟。

组员1：＿＿＿＿＿＿＿＿＿＿＿＿＿＿＿＿＿＿＿＿＿＿＿

＿＿＿＿＿＿＿＿＿＿＿＿＿＿＿＿＿＿＿＿＿＿＿＿＿＿

组员2：＿＿＿＿＿＿＿＿＿＿＿＿＿＿＿＿＿＿＿＿＿＿＿

＿＿＿＿＿＿＿＿＿＿＿＿＿＿＿＿＿＿＿＿＿＿＿＿＿＿

组员3：＿＿＿＿＿＿＿＿＿＿＿＿＿＿＿＿＿＿＿＿＿＿＿

＿＿＿＿＿＿＿＿＿＿＿＿＿＿＿＿＿＿＿＿＿＿＿＿＿＿

组员4：＿＿＿＿＿＿＿＿＿＿＿＿＿＿＿＿＿＿＿＿＿＿＿

＿＿＿＿＿＿＿＿＿＿＿＿＿＿＿＿＿＿＿＿＿＿＿＿＿＿

组员 5：_____

_____

组员 6：_____

_____

组员 7：_____

_____

组员 8：_____

_____

5. 任务反馈

由小组组长填写组员在分析讨论中的表现（表 6-8），以优、良、中、差的成绩进行评定。

表 6-8

组别	小组成员	分析问题能力	参与活动能力	综合评定

知识拓展

1. 应对挫折的办法

逆境能让受教育者积极地寻找克服困难、战胜挫折的方法，受到实际锻炼和考验，以此来培养自身的挫折容忍力，学会面对挫折勇于自我调适。这样全方位进行锻炼才能取得良好效果。当挫折发生时，有如下应对挫折的有效方法。

（1）承认已经发生的事实，事情是这样就不会是那样

不要再觉得它是"不可能的事"，也不要再懊悔。为了说明这个道理，曾经有一位心理学老师，采用了以下一种让人惊奇的方式。老师走进教室，走上讲台，把一只精美绝伦的瓷花瓶摆在桌上。讲课开始几分钟，就在他不经意转身时，碰翻了花瓶，"啪"的一

声花瓶掉到地上摔得粉碎，台下同学发出一片惊呼声，老师看了看地上的碎片，几秒后立即恢复了常态，好像什么也没有发生似的继续他的讲课，直到结束。他最后说了几句让学生永远不会忘记的话："你们似乎还在为一小时前的花瓶而惋惜，然而事件已经发生，再也无法挽回，就像地上的碎片再也不能组合成原来的花瓶。你们的感叹、可惜、祈求、希望、追悔又有什么用呢？该做什么就做什么，不要让那些不能改变的事来影响你。这就是今天的课真正要告诉你们的。"

（2）接受、包容已经发生的事实

"想开点"这三个字有着极为丰富的内涵，它是个人胸襟的扩展，是人生境界的升华。

（3）转移注意力，让自己去忙一件事情

哪怕是很简单的事情，只要你认真去做，就能把折磨人的忧虑从头脑中挤出去。例如去做运动、听音乐、看电影，或者去做一件你平时很喜欢做的事情都是可行的。

（4）直面最坏的情况

能接受最坏的情况，在心理上就会让你发挥出新的能力。可以分三步进行。

第一步：问你自己，可能发生的最坏情况是什么？

第二步：接受这个最坏情况。

第三步：镇定地想办法改善最坏的情况。

面对挫折，勇敢迎接，心里默想："大不了……""即使那样，我还可以……"能让你清醒冷静，继而心生妙策。

（5）冷静分析，提出问题，解决问题

承受挫折，冷静下来后，你可以给自己提出以下四个问题：你的烦恼是什么？你能怎么办？你要做的是什么？什么时候去做？或者是这样问：究竟发生了什么问题？问题的起因何在？有哪些解决的办法？我用什么办法解决问题？当一个人能够冷静地提出问题，并寻求解决问题的方法的时候，他就开始向新的高度成长了。

学习的途径很多，但有些东西只有经历挫折才能学到，或者说，挫折会促使你学得更快、理解得更深、记得更牢。

2. 挫折与成功

挫折与成功，是事物发展的两种不同的结果。常言道"人各有志"，每个人都有自己的追求，各个生活阶段有各个阶段的目标，而且绝大多数人都为之付出了艰辛的努力。但成功的是少数，也就是说：挫折多于成功，比如战争，人人都想打胜仗，然而历史上有多少胜仗就有多少败仗，还有许多不胜不败战役目的未达成的仗。又比如体育竞赛，运动员人人都想成冠军，而冠军只有一个。

年轻人都有个人进步与成才的目标，然而，社会的需要和其客观存在的各种因素的制约，又往往使其目的一时难以达成，如在学校里有文化素质、身体素质、思想素质等综合因素的限制，工作就业有用工单位的实际需求与自身条件的限制。有的人取得成绩和进步就沾沾自喜，遇到挫折就悲观丧气，这是心理上不成熟的表现，等待他的将是更大的挫折和失败。正如培根所说："灰心生失望，失望生动摇、动摇生失败。"而有的人无论顺逆成败，始终脚踏实地地为最后的成功而奋斗，这是成熟与沉着的表现，是成功的开端。

"好事尽从难处得"，失败是成功的阶梯，失败和挫折本身并不可怕，可怕的是在挫折中沉沦，在挫折中一蹶不振。有志者能屈能伸，关键是要经得起失败的考验，成功的经验固然可贵，而失败的教训则更加宝贵，失败的挫折比成功更能引发人们对与自己切身相关问题的深层理性思考，从而启迪思想、提高认识、吸取教训、丰富智慧，为在新一轮的拼搏中赢得胜利创造条件。古人说："必有大失落，而后有大发生；必有大摧折，而后有大成就"，讲的就是这个道理。总之一句话，只要不被失败与挫折击倒，就可以赋予人生以新的意义和内涵，生活的前途就依然充满光明，成功之路就在脚下延伸。

"逆境顺境看襟度，临喜临怒看涵养"，人要有气度，应该在成绩面前谦虚谨慎，在挫折面前毫无不退缩，胜不骄，败不馁。尤其是对待困难与挫折，要有大无畏的英雄气概，有克服一切困难的勇气，英勇顽强的拼搏精神，才能勇敢地面对挑战和考验。当你遭遇挫折时，请微笑着面对，因为它的身后就是——成功。无论多大的挫折，只要珍爱自己的生命，总会过去的，把挫折当成点缀我们生命长卷的鲜花吧！

3. 抗挫折能力自测

遇到挫折的时候，你是陷入低落情绪，还是扛得住压力？做个测试看看自我的抗挫折能力。

请在下列 10 道题中 A、B、C 三个答案中，选出最适合自己的一项。总分加起来对照后面的结果分析。

1) 有十分令人担心的事时，你会(　　　)。
A. 无法工作　　　　　　　B. 照常工作　　　　　　　C. 介于两者之间

2) 碰到讨厌的对手时，你会(　　　)。
A. 无法应付　　　　　　　B. 应付自如　　　　　　　C. 介于两者之间

3) 遇上难题时，你会(　　　)。
A. 失去信心　　　　　　　B. 动脑筋解决问题　　　　C. 两者之间

4) 当困难落到自己头上时，你会(　　　)。
A. 嫌弃和厌恶　　　　　　B. 认为是锻炼自己的好机会　C. 兼而有之

5) 产生自卑感时，你会(　　　)。
A. 不想再干工作　　　　　B. 振奋精神去干工作　　　C. 介于两者之间

6) 当领导给你很困难的任务时，你会(　　　)。
A. 顶回去了事　　　　　　B. 想一切办法完成　　　　C. 顶一会儿再去干好

7) 当工作条件恶劣时，你会(　　　)。
A. 无法干好工作　　　　　B. 克服困难干好工作　　　C. 介于两者之间

8) 工作中感到疲劳时，你会(　　　)。
A. 总想着疲劳，脑子不好使　　　B. 休息一会儿，忘了疲劳
C. 介于两者之间

9)当你遇上难题时，你会(　　)。

A. 失去信心　　　　　B. 动脑筋解决问题　　　　C. 介于两者之间

10)当你面临失败时，你会(　　)。

A. 破罐子破摔　　　　B. 将失败变为成功　　　　C. 随机应变

【结果解释】

A—0分；B—2分；C—1分。

17分及以上，说明你抗挫折能力很强，能抵抗失败和挫折。

10～16分，你虽有一定的抗挫折能力，但对某些较大的打击依然难与抗衡，须加强心理素质的锻炼。

9分及以下，你的抗挫折能力亟须提高，甚至一些微小的挫折就能让你消沉半天。

学习评价

以小组为单位，展示本组在本节学习过程的材料及相关成果。教师针对每组的情况进行指导点评。根据表6-9中评分标准对本节所有的学习活动成绩进行评分。

表 6-9

评价内容	分值	评 分		
		自我评价	小组评价	教师评价
对于本节的学习目标是否明确	5			
学习引导内容的分析是否认真、透彻	15			
能力训练中对"命运纸牌"的态度是否积极	20			
对"命运纸牌"应对方法的可行性	25			
对生命和挫折之间关系的感悟能力	15			
学习知识部分的内容是否掌握	10			
学习过程中表现出的应对挫折能力	10			
合计				
综合平均得分				

第七章

自我心态管理

第一节　积极心态——成功法宝

学 习 目 标

1. 学会化解消极心态给学习和生活带来的影响。
2. 学会用积极向上的心态看待生活。

学习引导

"丑陋的胎记"

　　有一个年轻人，他脸上有一块巨大而丑陋的胎记。英俊的脸由于胎记而变得狰狞吓人。但外表的缺陷掩盖不了这个年轻人友善、幽默、积极向上的性格。凡和他打过交道的人，都会不由自主地喜欢上他。

　　他经常参加演讲。刚开始，观众的表情总是惊讶、恐惧，但等他讲完，人人都心悦诚服，场下掌声雷动，每当这时，大家都暗暗叹服他的勇气。那块胎记一定曾带给他深深的自卑，并不是每个人都能克服这么严重的心理障碍，他在众人惊疑的目光里非常阳光地言谈自如。

　　有人向他提出了藏在心里的疑问："你是怎么应付那块胎记的呢？"言下之意是：你是怎么克服那块胎记带给你的尴尬和自卑的？他说："应付？我生来以它为荣呢！很小的时候，我父亲就告诉我：'儿子，你出生前，我向上帝祷告，请他赐给我一个与众不同的孩子，于是上帝给了你特殊的才能，还让天使给你做了一个记号。你的脸上的标记就是天使吻过的最阳光的痕迹，他这样做是为了让我在人群中一下子就能找到你。当看到你和别的婴儿一起睡在婴儿室时，我立刻知道，你是我的！'"

他说："很小的时候，父亲一有机会就给我讲这个故事。所以我对自己的好运气深信不疑。我甚至会为那些脸上没长这个阳光的红色'吻痕'的孩子难过。我当时以为，陌生人的惊讶是处于羡慕。于是我更加积极努力，生怕浪费上帝给我的特殊才能。长大以后，我依然觉得我父亲没有骗我；每个人都会从上帝那儿得到特殊的才能，而每个孩子对父亲来说都是与众不同的。而正因为有了那块胎记，我才会不断奋斗，取得今天的成绩，它何尝不是天使的阳光吻痕、幸福的标记呢！"

资料来源：潘姗姗. 天使的吻痕. 青少年日记，2005(12).

问题：从上面的故事中你学到了什么？面对不幸、困难、丑陋等，你采取的是什么样的态度？

_____

_____

_____

牛仔大王——李维斯

李维斯(Levi Strauss)是美国著名的"牛仔大王"，他的西部发迹史堪称一段传奇。当年，这位德国移民像许多的年轻人一样，带着梦想前往美国西部追赶淘金热潮。

一日，突然间他发现有一条大河挡住了他前往西部的路。苦等数日，被阻隔的行人越来越多，但都无法过河。于是陆续有人向上游、下游绕道而行，也有人打道回府，更多的人则是怨声一片。而心情慢慢平静下来的李维斯想起了曾有人传授给他的一个"思考制胜"的法宝，是一段话："太棒了，这样的事情竟然发生在我的身上，又给了我一个成长的机会。凡事的发生必有其因果，必有助于我。"

于是他来到大河边，"非常兴奋"地不断重复着对自己说："太棒了，大河居然挡住我的去路，又给我一次成长的机会，凡事的发生必有其因果，必有助于我。"果然，他真的有了一个绝妙的创业主意——摆渡。没有人吝啬一点小钱坐他的渡船过河，迅速地，他人生的第一笔财富居然因大河挡道而获得。

一段时间后，摆渡生意开始清淡。他决定放弃，并继续前往西部淘金。然而因为人生地不熟，经常被其他人欺负。终于，最后一次被人打完之后，看着那些人扬长而去的背影，他又一次想起他的"制胜法宝"："太棒了，这样的事情竟然发生在我的身上，又给了我一次成长的机会，凡事的发生必有其因果，必有助于我。"他真切地、兴奋地反复对自己说着，终于，他又想出了另一个绝妙的主意——卖水。

西部黄金不缺，但似乎自己无力与人争雄；西部缺水，可似乎没什么人想到它。不久他卖水的生意便红红火火。慢慢地也有人参与了他的新行业，再后来，同行的人越来越多，竞争越来越激烈。有一天，一个壮汉把他痛打了一顿，并抢了他卖水的地盘。李维斯不得不再次无奈地接受现实。然而当这家伙扬长而去时，他却立即调整自己的心态，再次强行让自己兴奋起来，不断对自己说着："太棒了，这样的事情竟然发生在我的身上，又给了我一次成长的机会，凡事的发生必有其因果，必有助于我。"

他开始调整自己注意的焦点。他发现来西部淘金的人，衣服极易磨破，同时又发现西部到处都是废弃的帐篷，于是他又有了一个绝妙的好主意——把那些废弃的帐篷收集起来，洗干净，就这样，他缝成了世界上第一条牛仔裤！由于牛仔裤耐磨耐穿，深受矿工、农夫和牛仔们的欢迎。产品往往供不应求，订单源源不断地涌来。从此，李维斯一发不可收拾，最终成为举世闻名的"牛仔大王"。

资料来源：蓝洛葳，顾燕华．牛仔大王李维斯．故事大王，2008(12).

问题：你认为李维斯成功的原因是什么？

_____

_____

_____

自愧不如

2012 年 11 月，学院举行秋季招聘会，有一家知名的电气公司到学校来招毕业生。赵阳听到这个消息开始很高兴，可是一听到系里几个技能大赛获奖选手和学生会干部也都打算去面试时，就像泄了气的皮球。他觉得自己在能力和专业技术上比他们相去甚远，肯定会被淘汰下来，就没有好好准备。面试那天他无精打采，回答问题也支支吾吾，结果果然像他自己预料的那样没有几分钟就被淘汰下来了。但是等全系的面试结果出来后，有很多出乎意料的情况出现，比如平时没有参加技能大赛也不是学生干部的学生被录取了，并且面试的成绩很好。

问题：你认为赵阳面试失败的原因是什么？换位思考，你会怎么做？

_____

_____

_____

能力训练

1. 任务描述

每个小组成员通过回忆自己亲身经历的事件中个人的态度表现，并进行结果归因，从而认识到积极心态和消极心态对事情结果的影响。以小组为单位交心态分析报告。

2. 任务目标

1)提高学生自我分析问题的能力。

2)培养自己用积极的态度面对挫折的能力。

3. 任务规则

1)班级按照教师要求分成4～6人的小组，个人填写心态分析表和成败归因表，时间在30分钟内。

2)小组撰写心态总结报告时要集思广益。

3)要求每位同学积极参与。

4)教师观察学生课堂表现，给予评定。

4. 任务实施

(1)填写心态分析表格

在表7-1中，写下自己经历过的与心态相关的事件过程和结果，并进行自我心态评价。

表 7-1

事件描述	心态类型（积极心态或消极心态）	请描述你用怎样的心态对待或处理事件的过程	请描述你用怎样的心态对待或处理事情的结果	心态自我感觉评价（优、良、中、差）

(2)运用成败归因理论进行结果分析。

针对曾经的发生的事情，分析自我对成败的归因(表7-2)。

表 7-2

维度 影响因素	因素源		稳定性		可控性	
	内因	外因	稳定的	不稳定的	可控的	不可控的
能力						
努力						
任务难度						
运气						
身心状态						
其他因素						

（3）个人心态报告

每位小组成员根据（1）和（2）项分析，总结自己面对事情时的心态状态并进行综合评价，然后向全组其他同学做汇报。

个人心态报告

_____

_____

_____

_____

_____

（4）小组总结报告

各小组组长对各个同学的心态报告进行整理、评价、总结，并代表本组向全班同学做关于心态的总结报告。

小组心态总结报告

_____

_____

_____

_____

_____

_____

_____

_____

5. 任务反馈

感悟积极心态作用，对在心态分析过程中表现的行动和心态进行评价，可采用教师评价与组内互评相结合的方式进行（表7-3）。（请在考核内容的对应评价层级下打"√"）

表 7-3

被评价对象_____	评价层级			
	优秀	良好	合格	欠佳
学生自我评价				
组员 1 号				
组员 2 号				
组员 3 号				
组员 4 号				
教师评价				

知识拓展

1. 积极心态的含义

积极心态就是面对学习、生活和工作中的问题、困难、挫折、挑战和责任，从积极的一面去考虑，从可能成功的一面去考虑，积极采取行动的态度。

2. 积极心态与韦纳的归因理论

拥有积极心态的人们，我们都很羡慕，但是这些人为什么拥有积极心态呢？难道是与生俱来？心理学家发现拥有积极心态的人与他们正确的归因方式有关。所谓归因就是归结行为的原因。人们把成败归结为不同的原因，并产生不同的心理变化，从而影响今后的行为。下面我们来学习一下如何进行归因才能帮助我们养成对待事物的积极心态。

美国心理学家伯纳德·韦纳(B. Weiner)的归因理论影响最大。他认为，人们对行为成败原因的分析可归纳为 6 个原因：能力，根据自己评估个人对该项工作是否胜任；努力，个人反省检讨在工作过程中曾否尽力而为；任务难度，凭个人经验判定该项任务的困难程度；运气，个人自认为此次各种成败是否与运气有关；身心状态，工作过程中个人当时身体及心情状况是否影响工作成效；其他因素，个人自觉此次成败因素中，除上述五项外，尚有何其他事关人与事的影响因素(如别人帮助或评分不公等)。

以上 6 项因素作为一般人对成败归因的解释或分类，韦纳按各因素的性质，分别纳入以下三个向度之内：

(1)控制点(因素源)

指当事人自认影响其成败因素的来源，是以个人条件(内控)，抑或来自外在环境(外控)。在此一向度上，能力、努力及身心状况三项属于内控，其他各项则属于外控。

(2)稳定性

指当事人自认影响其成败的因素，在性质上是否稳定，是否在类似情境下具有一致性。在此一向度上，6因素中能力与工作难度两项是不致随情境改变的，是比较稳定的。其他各项则均为不稳定者。

(3)可控性

指当事人自认影响其成败的因素，在性质上是否能由个人意愿所决定。在此一向度上，6因素中只有努力一项是可以凭个人意愿控制的，其他各项均非个人所能为力。

韦纳等人认为，我们对成功和失败的解释会对以后的行为产生重大的影响。如果把考试失败归因为缺乏能力，那么以后的考试还会期望失败；如果把考试失败归因为运气不佳，那么以后的考试就不大可能期望失败。这两种不同的归因会对生活产生重大的影响。

韦纳的归因理论的主要论点：

1)人的个性差异和成败经验等影响着他的归因。

2)人对前次成就的归因将会影响到他对下一次成就行为的期望、情绪和努力程度等。

3）个人的期望、情绪和努力程度对成就行为有很大的影响。

综上，掌握正确的归因方式，把失败归于不稳定的、外在的、不可控的因素；把成功归于稳定的、内在、可控的因素将有利于积极心态的养成。

3. 积极心态与成功

成功人士的首要标志，在于他的心态。一个人如果心态积极，乐观地面对人生，乐观地接受挑战和应付麻烦事，那他就成功了一半。我们必须面对这样一个奇怪的事实：在这个世界上，成功卓越者少，失败平庸者多。成功卓越者活得充实、自在、潇洒，失败平庸者过得空虚、艰难、猥琐。为什么会这样？仔细观察、比较一下成功者与失败者的心态，我们将发现"心态"会导致人生惊人的不同。成功者遇到困难，仍然保持积极的心态，用"我要！""我能！""一定有办法"等积极的意念鼓励自己，于是便能想尽方法，不断前进，直至成功。爱迪生在几千次失败的试验面前，也绝不退缩，最终成功地发明了照亮世界的电灯。因此，成功学的始祖拿破仑·希尔说，一个人能否成功，关键在于他的心态。成功人士与失败人士的差别在于成功人士有积极的心态。

拿破仑·希尔告诉我们，我们的心态在很大程度上决定了我们人生的成败：

1）我们怎样对待生活，生活就怎样对待我们；

2）我们怎样对待别人，别人就怎样对待我们；

3）我们在一项任务刚开始时的心态就决定了最后将有多大的成功，这比任何其他因素都重要；

4）人们在任何重要组织中地位越高，就越能收到最佳的心态。

4. 心态自测

下面有 25 个问题，请根据你的实际情况如实回答。回答从否定到肯定分为 5 个等级：0 分表示完全否定；1 分表示基本否定；2 分表示说不准；3 分表示基本肯定；4 分表示完全肯定。请把每题的得分记下来。

1）你现在对自己报有信心吗？

2）当你情绪不好时，你会进行调解吗？

3）你有明确的人生目标吗？

4）你有业余爱好吗？

5）对于生活中出现的问题，你能往积极乐观方面想吗？

6）你经常进行体育锻炼吗？

7）当事情没做好时，你也不因为此否定自己吗？

8）你能以幽默的态度对待生活中的许多事情吗？

9）你已不过分关注自己的心理问题或症状，而去做你该做的事吗？

10）你的惧怕心理越来越少，胆量越来越大吗？

11）你只关注着自己的进步，而不和别人盲目比较吗？

12）你能把学到的理论运用于自己的生活实践吗？

13)你是否认为你应该对自己的人生负责，而不应归咎于父母等外界因素？

14)你有可以相互交流，相互倾诉，相互帮助的朋友吗？

15)当别人提出你不愿意接受的要求时，你是否敢加以拒绝？

16)你是否能理解别人和关心别人？

17)你是否能安下心来专心的做事？

18)你对生活充满着热情而不是无聊消沉吗？

19)你已明确了自己的长处和短处加以辩证地看待吗？

20)你能保持着对外界的关注，而不是是盯着自己的心理状态吗？

21)你对自己出现退步或反复能加以宽容吗？

22)你能把生活安排得井井有条吗？

23)你是否已不十分在意别人的看法？

24)你是否已不拿一些无关的事情来否定和考验自己？

25)你的情绪基本上处于稳定和良好的状态吗？

【结果解释】

总分达到 65 分为及格；66～80 分为基本合格；81～95 分为良好；96 分及以上为优等；低于 65 分则要引起高度警惕，马上进行调整。

学习评价

以小组为单位，展示各组在本节学习过程的材料及相关成果。根据表 7-4 中评分标准对本节所有的学习活动进行评分。

表 7-4

评 价 内 容	分值	评 分		
		自我评价	小组评价	教师评价
对于本节的学习目标是否明确	5			
学习引导内容的分析是否认真、透彻	15			
能力训练中的心态分析的透彻性	25			
个人心态归因的正确度	20			
心态报告总结是否清晰	15			
学习知识部分的内容是否掌握	10			
学习过程中的心态调节能力	10			
合计				
综合平均得分				

第二节 职场心态——不骄不躁

学习目标

1. 了解职场人应该具备的良好心态。
2. 培养积极的职场心态。

学习引导

破产风波

1929 年，纽约股市崩盘，美国一家大公司的老板忧心忡忡地回到家里。

"你怎么了？亲爱的？"妻子笑容可掬地问道。

"完了！完了！我被法院宣告破产了，家里所有的财产明天就要被法院查封了。"他说完便伤心地低头啜泣。

妻子这时柔声问道："你的身体也被查封了吗？"

"没有！"他不解地抬起头来。

"那么，我这个做妻子的也被查封了吗？"

"没有！"他拭去了眼角的泪，无助地望了妻子一眼。

"那孩子们呢？"

"他们还小，跟这档子事根本无关呀！"

"既然如此，那么怎能说家里所有的财产都要被查封了呢？你还有一个支持你的妻子，以及一群有希望的孩子，而且你有丰富的经验，还拥有上天赐予的健康的身体和灵活的头脑。至于丢掉的财富，就当是过去白忙一场算了！以后还可以赚回来的，不是吗？"

3 年后，他的公司再度成为《财富》杂志评选的五大企业之一。这一切就仅靠他妻子的几句话而已。

资料来源：何权峰. 生命资产表. 青年文摘(上半月)，2009(11).

问题：以上材料对你有什么启发？工作后面对职场中的失败，你打算怎样处理？

_____

_____

_____

李嘉诚的超人秘诀

港人喜欢把李嘉诚称为"超人"，他统领的"和黄"集团去年被美国《财富》杂志封为"全球最赚钱公司",而美国《商业周刊》今年则把李嘉诚誉为"全球最佳企业家"。李嘉诚的成功秘诀,无疑是许多人都想知道的。曾有学生问,要成为领袖,必须要有眼光、有理想、勤奋和有奋斗精神。除此之外,怎样才能做得比别人好?

李嘉诚回答说:"要成为领袖,你提到的基本素质一定要有。要清楚,无论从事什么行业,都要比竞争对手做好一点。就像奥运赛跑一样,只要快1/10秒就会赢。"他以自己的经历为例说出了他的超人秘诀:"我年轻打工时,一般人每天工作8~9小时,而我每天工作16小时。除了对公司有好处外,我个人得益更大,这样就可以比别人赢少许。面对香港今天如此激烈的竞争,这更加重要。只要肯努力一点,就可以赢多一点。"

资料来源:乔洁. 李嘉诚的领袖兵法. 西安:中国长安出版社,2010.

问题:年轻时的李嘉诚在工作时比别人多了哪些优秀的品质?

成才之星——陈华东

陈华东,2001年9月报读佛山市交通技工学校汽车维修与驾驶专业,2004年毕业。他初中毕业中考时,成绩不理想,有些沮丧,但不气馁,接受中考现实,选报了佛山市交通技工学校。他认为,这所学校是佛山老牌的汽车专业中专学校,同时学汽车驾驶与维修专业有前景。他坦承,自己读初中时比较调皮,学习成绩不好,开始上技校时,对汽车认识不多,兴趣不大。但是,内心抱有学好一门技术,靠一技之长就业发展的信心。

进入汽车维修保养企业实习时,陈华东和其他的实习生一样,开始时只是帮老师傅传递扳手等工具,观看师傅们修车,师傅们修完车后,实习生们就搞卫生,实习生们并不能亲自动手修车,这让陈华东和其他的实习生一样,感到郁闷。而且实习期间,没有工资,许多实习生都抱有干一天算一天的心态,但陈华东的心态却不一样,认认真真、踏踏实实地干工作,由此也赢得了机遇。

在一家广本4S店实习时,经理看到陈华东综合素质比较高,而且积极肯干,就问他,想不想从车间出来,到前台做接待,并给了他一个月的试用期。一个月很快过去了,这位经理告诉陈华东,理一理头发,改着西装,正式到前台上班,任务是负责接车、与客户沟通、做客户服务工作。从维修车间到前台,不仅是工作岗位的改变,更重要的是,让陈华东收获了信心,改变了心态,在更大的平台上开始了起飞。

经过几年的努力,陈华东迅速成长为一名让同龄人羡慕的职业经理人,管理着一间二类汽车维修厂,而且是专门维修奔驰、宝马等豪华汽车的企业。除了机遇外,他靠的是毕业后几年积累起的工作经验和工作智慧。成为职业经理人后,陈华东仍然坐在企业的接待前台,名片上打的仍然是"汽车维修顾问"。他表示,中考后读中职技校,学得一技之长后,发挥技术优势一样可以创业立业,关键是要端正学习和就业的心态。

资料来源:佛山日报,2010年5月19日.

问题：从陈华东的个人经历看，你觉得在职场中应该具备哪些好的职业心态？

_____

_____

_____

能力训练

1. 任务描述

以小组为单位对我们身边的各种职业进行职场心态调查，写出调查报告。分析职场中的成功和失败与职场心态的关系，并写出培养良好职场心态与规避职场风险的策略和方法。活动结束后各小组进行交流，教师根据学生调查报告的严谨性与认真度，以及策略方法的可行性给予每组评价。

2. 任务目标

1)培养学生分析调查总结的能力。
2)培养学生以正确的态度面对职场问题。

3. 任务规则

1)班级按照教师要求分成4～6人的小组，学生自己查阅资料，编写调查问卷。
2)进行问卷调查时，每位组员要参与进来，并且各自写好自己调查对象和时间。
3)调查报告的撰写组内分工完成，群策群力。
4)教师小组长跟踪调查，填写评价反馈。

4. 任务实施

(1)确定人员分工

任务实施过程中要明确分工任务，组长要调动组员的积极性，充分表达不同意见，形成职责清晰的任务分工表(表7-5)。

表 7-5

组员姓名	负责工作

（2）调查方案撰写

掌握问卷调查的设计要领，依据调查的目的，合理编写调查内容。

调查方案

1）调查目的介绍

2）调查问卷设计（可以是选择题、也可以是问答题，可以采用问卷形式也可以采用访谈形式）

  如：你为什么选择这个职业？

   你怎么看待你的职业，是谋生的手段，还是为之奋斗的理想？

   你喜欢你现在的职业吗？为什么？

   工作中，当你遇到困难时，会采取什么样的态度？

   当别人对你的工作状态进行贬低时，你会怎么想？

  你觉得从工作中获取的最重要东西是什么？（金钱、权力、地位、尊重、谋生的来源、兴趣……）

   ……

3）调查结果的数据分析

（3）调查汇总

1）调查的职业有哪些？分别作了多少份问卷。

2）调查结果采用何种分析方法？

3）分别列举调查中的不同职业应该具备什么样的职场心态？

5. 任务反馈

小组内成员之间互评，教师给予评价（表7-6）。按照（60分以下，60～70，71～80，81～90，91～100）分数评价。

表 7-6

项目	组员评价	教师评价
作为学生调查员，调查时的态度是否亲切		
调查前的准备工作是否充分		
调查实施过程是否科学		
对不同职业应具备的心态总结是否合理，论据是否充分		

知识拓展

1. 如何保持良好的职场心态

保持良好的职业心态可采用以下几个小方法：

1）恰当评估自己，安然接受自己的不足，不作无谓的抱怨。

2）善于发现自身情绪及行为变化，进而积极地心理暗示和提醒自己应追求快乐。有不良情绪体验时，可以通过倾诉等途径进行宣泄。

3）学会与人交往，创造良好的人际关系和家庭环境。

4）养成良好的生活习惯，防止各种不节制行为的养成。

5）在现实生活中遭遇困难，应持乐观、积极的态度，不断提高承受挫折的能力。

6）参加体育锻炼可以调节人的神经系统，转移注意力，宣泄压抑情绪，给人带来一份好心情。

2. 职场心态与职业倦怠

职业倦怠指个体因不能有效缓解工作压力或妥善处理工作中的挫折所形成的身心疲惫的状态，其典型症状是工作满意度低、工作热情和兴趣的丧失，及情感的疏离和冷漠。据媒体最近报道，一项针对 13 000 名在职人员的调查显示，近 80％的职场人士感到精神紧张和压力，2/3 的职场人士感到压抑，超过 70％的职场人士对工作产生倦怠，表示"不喜欢现在的工作"。职业倦怠症患者又被称为"企业睡人"。调查显示，人们产生职业倦怠的时间越来越短，有的人甚至工作半年到 8 个月就开始厌倦工作。

其实工作的状态不是由环境决定的，而是由心态决定的。这句话对于现代大部分人工作没有热情，缺乏工作动力是一种触动。职业倦怠的克星是积极心态。心态不只影响工作，而且决定人一生的命运。一个人心态好，即便目前找的工作不是自己的理想的目标，也能够心满意足、心安理得、心平气和，而这种积极心态，就会带来好的工作态度，其工作效果就好，并逐渐引导我们走向成功的道路。如果对工作心不在焉，或者心烦意乱，这种消极的心态就会带来不愉快甚至是恶劣的工作态度，其工作效果就差。能够做好自己不愿意做的事情，是人生的智慧，更是生存的策略。这个世界，这个工作，这个岗位，不是为了你一个人而存在的。既然你已经到了这个工作岗位，就要努力地把这份工作做好，这也是一种人生的责任。

3. 职场心态感悟

感悟 1：没有明确的职场目标，就没有快乐的职场生活。

因为没有明确的职场目标，所以在工作中你不知道要什么，也不知道如何追求。最终结果就是感觉自己不开心，工作没有劲，最后慢慢开始讨厌工作，想换工作。所以职场人生首先要关注的是自己，要明确知道自己想要什么？很多人在职场中不开心，可能是因为没想过这个问题，他们就是想要一份工作，想要一份不错的薪水，但忽略了快乐工作才能越做越好，薪水越来越多。所以在职场中一定要好好想清楚，自己想要什么，自己的职场目标是什么，否则你会越来越焦急，越是觉得自己需要一份工作，越饥不择食，越想不清楚，越容易失败，你的经历越来越差，下一份工作的人看着你的简历就皱眉头。有生存压力就会有很多焦虑，积极的人会从焦虑中得到动力，而消极的人则会因为焦虑而迷失方向。所有人都必须在压力下做出选择，这就是世道，你喜欢也罢不喜欢也罢。

感悟 2：什么才是所谓的职场好工作。

什么才是职场的好工作，很多人觉得公司好就是好工作，大家在职场中攀比，即使在工作上也喜欢攀比，而且不管那是不是自己想要的。外企好，就都去外企，也不想清楚自己想要什么，一去发现不适合自己，又否定自己的决定。实际上在职场中，开心的工作就是好工作，做好自己身边的事情，学好本事，而不要总盯着得不到的东西，而忽视了那些已经得到的东西。

感悟 3：不要轻易跳槽。

不要轻易跳槽，很多职场人士将跳槽作为一个解决问题的方法，工作一不开心就跳槽，感觉工资少就跳槽，和同事有矛盾就跳槽，但是频繁跳槽的后果是让人觉得你没有忠诚度可言，而且不能安心工作。很多人觉得工作不顺利，好像到了一个"瓶颈"，心情烦闷，就想辞职，乃至换一个行业，觉得这样所有一切烦恼都可以抛开，会好很多。其实这样做只是让你从头开始，到时候还是会发生和原来行业一样的困难，熬过去就向上跨了一大步，这个时候往往会陷入不断地重复，有些人会觉得自己已经搞懂了一切，从而懒得去寻求进步了，觉得自己已经完成比赛了。可以肯定地说，一定不是，这个时候，还是要拿出前两年的干劲来，稳扎稳打，积累才刚刚开始，比赛才刚刚开始。

感悟 4：马拉松式的职场人生。

职场生涯不是简单的一两年，而是需要陪伴你一生的，因此职场就是一场长久的马拉松。要知道不是每个人都能坚持到终点的，所以不要轻易否定自己的职场决定和改变自己的职场路，记住坚持就是胜利，要有很强的坚韧精神，要懂得靠团队的力量，要懂得收服人心，要有长远的眼光，这样你的职场生涯才能更长久，才能更安稳。

学习评价

以小组为单位，展示各组在本节学习过程的材料及相关成果。根据表7-7，对本节所有的学习活动进行评分。

表 7-7

评 价 内 容	分值	评 分		
		自我评价	小组评价	教师评价
对于本节的学习目标是否明确	5			
学习引导内容的分析是否认真、透彻	15			
能力训练中职场心态调查任务参与积极性	15			
职场心态调查分析的透彻性	25			
学习知识部分的内容是否掌握	15			
学习过程的人员分工是否合理	5			
任务材料是否完整	10			
学习过程中的自我职场心态调节能力	10			
合计				
综合平均得分				

第八章

自我健康管理

第一节 身体健康——合理运动

🎯 学 习 目 标

1. 了解身体健康的重要性。
2. 掌握保持身体健康的方法。

📖 学习引导

睡眠不足的危害

睡眠不足亦会影响荷尔蒙分泌及新陈代谢。研究人员选择了 11 位健康男性作为研究对象，在实验的第一个晚上让他们睡 8 小时，此后的 6 个晚上每晚睡 4 小时，最后 7 个晚上睡 2 小时。研究人员在不同的时段对这些接受实验者的身体新陈代谢速度及影响血糖浓度的荷尔蒙皮质醇水平和心跳等指标进行测量。结果发现，在研究工作结束后，全部测试对象的血糖水平均上升。这些人的荷尔蒙也出现失调。所出现的这些情况，都是衰老的征兆，而且是导致肥胖、糖尿病、高血压及心脏病等病症的高危因素。睡眠需求的多少因人而异，充足睡眠的标准是人在醒来之后感到已得到充足的休息。睡得多并不一定睡得好，要讲究睡眠的质量。睡眠不足有以下危害：

1. 影响大脑思维，工作效率下降

在熬夜的第二天，上班或上课时经常会头昏脑涨、注意力无法集中，甚至会出现头痛的现象，长期熬夜、失眠对记忆力也有无形的损伤。专家实验证明，人的大脑要思维清晰、反应灵敏，必须要有充足的睡眠。如果长期睡眠不足，会使人心情忧虑焦急，且大脑得不到充分的休息，就会影响大脑的创造性思维和处理事务的能力，继而工作效率也就大打折扣了。

2.青少年睡眠不足，影响正常发育

现代研究认为，青少年的生长发育除了遗传、营养、锻炼等因素外，还与生长素的分泌有一定关系。由于生长素的分泌与睡眠密切相关，即在人熟睡后有一个大的分泌高峰，随后又有几个小的分泌高峰，而在非睡眠状态，生长素分泌减少。所以，青少年要发育好，长得高，睡眠必须充足。

3.睡眠不足导致各种疾病

经常睡眠不足，会使人心情忧虑焦急，免疫力降低，由此会导致种种疾病发生，如神经衰弱、感冒、胃肠疾病等。另外专家研究表明，睡眠不足或不规律除了让人们眼睛涨涩、嗜喝咖啡、在下午打盹之外，还会增加多种重大疾病的患病风险，包括癌症、心脏病、糖尿病和肥胖症等。

问题：读了上面几段话，请反思自己每天睡几小时？睡眠失调给你带来了什么危害？

_____

_____

网络成瘾者的真实故事

李新，男，2011届电气系学生，小学时期成绩优异，初一时由于同学和朋友的引导，开始接触网络，慢慢沉迷其中，成绩急速下滑，渐渐地他对学习失去了兴趣。由于李新经常去网吧和游戏机房，他的家人就对他严加看管、切掉网线，监视他读书，但还是成效不大，李新还是会在上课期间偷偷溜去网吧上网。2012年9月，开学到国庆节放假前李新已经逃课40节，受到班主任的严厉批评。但他仍沉溺其中，身体上甚至出现了手指、手掌发麻；手腕、前臂胀痛；腕关节肿胀无力；莫名其妙的烦躁；做事无精打采的症状。学校联系家长劝其退学，家长为他的网瘾也甚是痛苦。

研究发现经常玩电脑对我们的身体危害极大，会出现以下问题。

1)辐射症状：电脑性皮炎、计算机皮肤血液病；坏血病、生育能力下降。

2)电脑眼病：视力模糊、视力下降；眼睛干涩疼痛。

3)电脑躁狂症：感觉心情烦躁；精神紧张焦躁不安、诱发癫痫。

4)颈肩综合征：颈肩部酸痛、颈部转动不灵活；肩周炎、脊椎疼痛。

5)鼠标手：手部麻木灼痛；影响手的精细功能。

6)疲劳综合征：四肢无力、疲劳麻木、精神萎靡。

7)电脑健忘症：过分依赖电脑、使脑功能减弱；健忘、思维迟钝。

8)胸闷头痛：放射线刺激引起头晕头痛、导致呼吸不畅、胸闷。

9)腕管综合征：手指、手掌发麻；手腕、前臂胀痛；腕关节肿胀无力。

问题1：李新的网络成瘾给自己和家人带来哪些危害？

_____

_____

问题2：你每天玩电脑多长时间？你感受到上面的这些不良症状了吗？

_____

_____

能力训练

1. 任务描述

按照教师的要求分好小组，以小组为单位选定一种健身操（如手指操、养眼操、腰背操等）进行练习，然后以小组为单位进行表演展示。

2. 任务目标

1）提高学生自我身体锻炼能力。
2）加强学生保持身体健康的意识。

3. 任务规则

1）班级按照教师要求分成4～6人的小组，以小组为单位在教师给定的资料中选定要练习的健康操。
2）小组练习健康操时要动作到位，展示时动作要整齐。
3）以小组为单位进行健康操展示的时候，小组成员要积极参与。
4）教师观察学生进行活动任务时的表现，给予评定。

4. 任务实施

（1）健康操资料
1）手指操。
第一节
动作：双手前伸，手肘微屈，掌心向下，大拇指内缩，平行互相击打侧面36次。
说明：击打到的主要经络是大肠经，主要穴位是合谷穴。
主治：预防及治疗颜面部位的疾病，如：视力模糊、鼻炎、齿痛、头痛及预防感冒。
第二节
动作：双手前伸，手肘微屈，掌心向上，平行互相击打侧面36次。
说明：打击到的主要经络是小肠经，主要穴位是后溪。
主治：头痛，放松颈部肌肉，预防骨刺，防止骨骼退化。

第三节

动作：双手掌心向上，手掌摊平，以手腕互相击打 36 次。

说明：击打到的主要穴位是心经及心包经，主要穴位是大陵穴。

主治：预防及治疗心脏病、胸闷，放松紧张情绪。

第四节

动作：双手掌心向下，食指与大拇指展开成 90°，左右手虎口相交叉击打 36 次。

第五节

动作：双手掌心张开，手指撑开，互相交叉击打 36 次。

说明：第四节和第五节主要穴位是八邪穴。

主治：预防及治疗末梢循环，如手麻、脚麻等末梢循环的疾病。

第六节

动作：左手掌握紧，右手掌面向左拳头伸直，互相击打 36 次。

第七节

动作：右手掌握紧，左手掌面向右拳头伸直，互相击打 36 次。

说明：第六节和第七节锻炼的主要经络也是心经和心包经，其主要穴位是劳合。

主治：消除疲劳及提神的作用。

第八节

动作：右手掌心向上，左手掌心向下，以手背互相拍击 36 次。

说明：击打到的是三焦经，主要穴位是阳池。

主治：调整内脏机能，预防及治疗糖尿病。

第九节

动作：双手大拇指、食指拉左右耳垂 36 次。

说明：耳垂的穴位很多。

主治：促进颜面部及脑部等部位的气血循环。

第十节

动作：左右手掌互相摩擦 6 圈至微热，双手掌心轻盖双眼，眼球左右转 6 次，双手再搓热，轻盖双眼。

说明：运用气功原理，调整眼部气血。

主治：预防近视及视力模糊。

2）5 分钟养眼操。

动作要领

●指甲短，手洁净。防止细菌感染眼睛，防止因指甲太长造成不适或不小心戳到眼睛。

●穴位准，手法正。注意做操时不要用指尖部分，而是用指肚来加以按揉。按揉要有一定力度，有酸胀或痛的感觉是正常的。

●做操时，宜闭眼。闭眼能够养心养神，在做眼保健操的同时也获得精神的放松。

第一，将两手掌对和摩擦，手心搓热，闭眼，将温热的手心按在眼睛上，保持 30 秒，然后转动眼球顺时针、逆时针各 20 次以上。可以刺激泪液分泌，滋润眼睛。

第二，用拇指或食指按揉攒竹穴（在眉毛内端凹陷处），顺时针逆时针各揉 10 次左右。以有酸胀感为准。

第三，用食指按压睛明穴（在内眼角），按压 20 次左右。

第四，用食指按揉四白穴（把中指和食指并拢按压在鼻翼上缘的两侧，食指的位置就是四白穴）。如果感到轻微的向眼睛放射的胀痛也是正常的。

第五，按揉太阳穴刮上眼眶。重复 10 次左右，可缓解眼睛的疲劳程度。

第六，按揉风池穴（位于后颈部，后头骨下，两条大筋外缘陷窝中，相当于耳垂齐平）。用食指和中指一起轻轻揉压，10 次左右，视自己的感觉而定。

第七，做完操后，远望绿色 1～2 分钟，同时揉按合谷穴（在手掌拇指、食指之间肌肉凹陷处），再用两手手指敲打头顶（重点是从额头发际到头顶的督脉穴）；能帮助很好地放松。

3）5 分钟肩颈操。

第一，深呼吸，头慢慢向左转到极限，再向右转到极限；头部应保持与地面垂直。然后使下巴前后伸缩，像小鸡啄米一样。可以帮助松弛颈肌。

第二，深呼吸，低头，使下巴慢慢接触胸部，然后使头从左转到右，再从右到左转圈。动作要缓慢，你可以在转动中感到颈部每条肌肉的伸展。如出现劈啪声不必担心，那只是肌腱或韧带伸展时擦过骨头的声音。

第三，站姿，双手侧平伸直，上抬至 10:10 状态，再恢复原位，像鸟扇动翅膀样双手上下运动 50 次以上。这个动作锻炼肩、颈部肌肉。

第四，站立，收缩腹部，举起双臂作想象的爬绳运动，两臂轮流向上做抓绳动作，重复 20～50 次。然后，做双臂大回环。两臂从肩部前后绕圈挥动，先向前，再向后。你会感觉到肩颈部肌肉先是紧张、酸痛，然后又得到放松。

第五，站姿，两脚开立，吸气，双手十指相扣，翻掌，双臂上举，同时仰头，看向天空，保持姿势，呼气。眼看前方，头、颈随身体从腰部向右转动，转到极限后停留 20～30 秒；再向左侧转动。重复动作 10～20 次。这个动作可以活动腰部以上大部分肌肉。

第六，挺直脊背，两肩向耳部耸起，再尽可能地下垂。然后两肩分别作圆周活动，先抬肩向前转动，再向后转动。可以放松肩周肌肉，滑利肩关节。

4）5 分钟腰背操。

第一，用手抓住椅背，挺直腰背，脚后跟不断地提起再放下，反复 20 次。然后，单脚后踢，左右脚轮换，反复 20 次，可以很好地锻炼腰、腿部，避免受腰椎疾病的困扰。

第二，站姿，向身体右侧跨出右脚，同时伸展上臂，呈"大"字形。收回右脚，屈体、半下蹲、弓背，同时手臂向前收拢，两手握拳在胸前交叉。重复动作 10～20 次。伸展时就好像在伸懒腰，可以很好地缓解腰背酸痛。

第三，双腿微微下蹲（注意膝盖不要超过脚尖），手叉腰，腰部顺时针转 10 圈，再逆时针转 10 圈。交替向前、向后、向左、向右顶髋各 10 次。可以缓解腰部的肌肉紧张，经期还可以缓解盆腔充血，只是动作要缓慢。

第四，双脚开立，手臂上举过头，向下弯腰直到手指触地，再直立，手臂上举过头，身体后仰到极限（头颈、腰背都尽力后仰）。这样身体向前弯腰、再直立、后仰，反复20次以上。动作频率可以由慢到快，可以预防整个脊柱的老化。

第五，直立，手叉腰，一腿绷直慢慢向上抬起（像走正步一样抬腿），站稳，保持20秒以上，换另一腿重复。反复做20次以上。可综合锻炼髋部的肌肉。

（2）分组进行练习

从四种健康操中选一种分组进行练习，注意不能喧哗，动作要连贯一致。在练习的过程中体会健康操的作用。

（3）分组展示

小组成员按照选定的健康操内容进行展示，要求口号和动作要整齐划一（表8-1）。

表 8-1

组别	健康操名称	参加人员

5. 任务反馈

每个项目由教师和其他小组组长进行按照优、良、中、差进行评定（表8-2）。

表 8-2

组别	动作整齐程度	口号整齐与响亮程度	小组成员参与人数	综合评定

知识拓展

1. 培养良好的生活习惯

生活习惯代表着个人的生活方式。良好的生活习惯不仅能促进个人的身心健康，而且也能对人的未来发展有间接的作用。作为学生精力旺盛，又处于长身体、长知识的阶段，良好的生活习惯是确保顺利、成功度过学校阶段的一个重要基础。为了达到身心健康的目的，从一进学校起，就该切实重视这个问题，培养良好的生活习惯，并防止不良生活习惯的形成。

（1）合理地安排作息时间

要合理地安排作息时间，形成良好的作息制度。因为有规律的生活能使大脑和神经系统的兴奋和抑制交替进行，天长日久，能在大脑皮层上形成动力定型，这对促进身心健康是非常有利的。

学生应养成早睡早起的习惯，有的同学习惯在晚上卧谈、玩手机、看电子书等，经常三更半夜不睡觉，结果第二天上课的时候非常疲惫，根本无心听课。长期如此，不仅影响平时的课业学习，还容易引起失眠，甚至引发神经衰弱症。研究表明，学生的睡眠时间一般每天不得少于 7 小时。如果条件许可，午饭后可以小睡一会儿，但最好不要超过40 分钟。

（2）适当的体育锻炼和文娱活动。

"文武之道，一张一弛。"学习之余参加一些文体活动，不但可以缓解刻板紧张的生活，还可以放松心情、增加生活乐趣，反而有助于提高学习效率。

听音乐、跑步、做广播体操、踢足球等都有助于增强体质，提高对疾病的抵抗力，这是一种积极的休息。实践证明：7＋1＞8。在这里，7＋1 表示 7 个小时的学习加上 1 小时的体育文娱活动，8 表示 8 个小时的连续学习。也就是说，参加体育活动的 7 小时学习比不参加体育活动的 8 小时学习效果要好。

（3）保证合理的饮食结构

保证合理的营养供应，养成良好的饮食习惯。学生"饮食不良"现象主要表现在两个方面：一是饮食不规律，很多人早晨起床较晚，来不及吃早饭便去上课，有的索性取消了早饭，有的则在课间饿的时候随便吃些零食。二是暴饮暴食。学生们主要在食堂就餐，但食堂的就餐时间比较固定，常有学生由于学习或其他原因错过了开饭时间，于是就吃点饼干、方便面来对付，等下一顿吃饭时再吃双份。

营养学家们的研究证明：早餐吃饱、吃好，对维持血糖水平是很必要的；用餐时不能挑食偏食，要加强全面营养，还要多吃水果和蔬菜。

（4）控制吸烟与喝酒

1）控制吸烟或者戒烟。吸烟危害人的健康已为人们所共识，对青少年来说，危害性就更大。如吸烟开始年龄与肺癌死亡率呈负相关，吸烟开始年龄越早，肺癌发生率与死亡率越高；吸烟严重影响人的智力、记忆力，从而降低工作和学习的效率；吸烟后神经肌肉反应的灵敏度和精确度均下降；吸烟是引起心肌梗死、高血脂、高胆固醇、高血压病、糖尿病、肥胖症、酗酒、紧张等的重要因素；吸烟导致视力衰退等。

对于想戒烟的同学可以这样做：

●向亲友和同学们公开宣布自己已决定戒烟，这样可借众人的监督，增加对自己必须实践诺言的压力；

●离开习惯吸烟的生活环境，如丢弃打火机等一切与吸烟有关的东西，暂时不与吸烟的朋友来往；

●课余时，设法从事有益身心的活动(如户外运动等)，以免感到无聊时再度以吸烟打发寂寞；

●经常想象完全戒烟后的自由快乐的情形；吸烟时不再欣赏"快乐似神仙"的乐趣，改而想象肺中一片乌黑，罹患癌症的可怕景象。

2)禁止酗酒。青少年酗酒的危害很严重，一是青少年酗酒容易导致违法犯罪。有机构调查显示，酗酒的青少年的不良行为实施率比没有滥用酒精的青少年要高25.3％，研究认为年轻人食用和滥用酒精是促成犯罪行为的一个因素。酗酒产生了禁止不了的结果，增加了冒险、反社会和暴力行为的趋势，饮酒增加了以后吸食非法毒品的风险。二是青少年酗酒导致身心损害。身体方面：导致肝功能损害和语言功能受损，有些青少年饮酒导致过早的性行为，提高了艾滋病病毒的传染和其他性传播疾病的危险程度；心理方面，酒精除了增加性行为、打架斗殴、意外伤害、凶杀、自杀等危险举动的可能性，还会影响处于智力发展关键时期的学生的记忆和学习。花季少女酗酒会破坏她们的生殖系统发育和健康成长。

对于想戒酒的同学可以这样做：

●要改变"会喝酒就代表有能力有豪气"的观念，明确酗酒的危害；

●多认识一些戒酒的朋友，通过互相监督来帮助自己戒酒；

●把自己的兴趣爱好转到其他活动上去，通过转移注意力忘记酒，自然能戒掉；

●通过医生指导，可以服用一些药物，只要一饮酒就会产生十分强烈的恶心、呕吐感，来达到戒酒的目的；

●家人应对饮酒的青少年进行监督控制，规定其饮酒量及次数，对于忧愁者就应靠家庭的温暖来化解酗酒者的心结，达到根本戒酒的目的。

2. 八个保持身体健康的小方法

困了打个呵欠伸个懒腰、累了做个深呼吸……日常生活中，人们常在不经意间做些小动作，并认为这是身体的本能反应，然而这些不为人注意的举止，却有着一些特别的健身功效。

(1)常搓、揉、刮鼻子

鼻子是人体的呼吸渠道，是脏腑与外界相连的门户。常按摩揉搓鼻子，能增强局部气血的流通，帮助肺脏滋润生养、预防感冒。

搓揉鼻子的动作是：先将两只手的大拇指相互摩擦生热后，再放在鼻尖处摩擦 24 次；而后以两手食指摩擦鼻翼两侧各 12 次；最后用手指头轻刮鼻梁，由上往下 10 次。

（2）生津吞口水

口水的多寡和人的寿命长短有着密切的关系。中医师认为，一个人时时口水充足，并且能将满溢出来的口水含在口中，再缓缓地吞咽下去，就会有滋润五脏，让肌肤细嫩，使人青春永驻、长命百岁的功效。

首先放松心情，吸气时，要卷舌上扬，舌尖顶于上颚，尽量靠近咽喉组织；吐气后，将舌头平放置于口腔内，上下牙齿轻轻咬合，慢慢加压扣住，稍停轻放，当津液逐渐充满嘴巴后，做漱口动作 5～10 次，然后均分 3 次，把口水缓缓地吞下。每日练习生津吞口水的动作 3～4 次。

（3）张大嘴巴 1 分钟

每天利用空当时间，以最大限度张开你的嘴巴，一开一合牵动脸上全部的肌肉 1 分钟，就能达到加速颜面血液回流，延缓局部组织器官老化的作用，使头脑清醒、精神振奋。

坐在椅子上，将嘴巴放轻松、有节奏地一开一合，做 30 次，约为 1 分钟，每天早晚持续各做一回合，有不错的美颜效果。

（4）扭头、转脖子

经常做扭头转脖子的颈部运动，不但能提神醒脑，也能预防颈椎骨刺，是现代工薪阶层、电脑族最需要练习的小动作。

坐在椅子上，抬头尽量后仰，再将头往前俯，直到下颚抵至胸前为止，让颈背的肌肉群拉紧后再松弛，此时身体向左、右两旁侧倾 10～15 次后，起身将腰背紧靠在椅背上，双手抱握在颈后停留 3 分钟，如此反复数次，会有一张朝气十足、额头漂亮的脸蛋。

（5）双手一紧一松的握拳法

将双手同时紧握成拳，全身稍稍用力一握之后，再松手放开。重复进行 50～80 次，每天早晚各做一个循环。这种握拳法能增强体内脏器运作的功效，使体力倍增，并能长久保持旺盛的精力。

（6）踮脚尖助心脏血液顺畅

经常站立或久坐的人，下肢常有酸麻胀痛的感觉，严重时下肢血液回流不畅，就会有静脉曲张的现象。为了预防下肢血液不顺畅的毛病，不妨每天每隔一小时做一次踮脚尖的动作。抬起脚跟，踮起脚尖，这样的小动作能对小腿肌肉产生收缩、挤压的效果，每次所推挤出来的血液量，大概相当于心脏每次跳动所排出的血液量，而让下肢血液的回流更为顺畅，让人气血饱满。

从中医的经络角度来看，踮起脚尖走走，不但可以锻炼小腿屈肌，还有利于通畅足三阴经。而把脚尖跷起来，用脚跟走路，是另一种锻炼小腿前侧伸肌的方法，每天行走百步，可以疏通足三阳经。

（7）经常按压腋下

经常按压腋下，可以活络腋下的淋巴结，调和气血，延缓老化。先将左右手臂交叉在胸前，左手按压右腋下淋巴结，右手按压左腋下淋巴结。以腕力带动手指有节奏地，以拇指、食指、中指轻轻捏拿腋下肌肉3～5分钟。早晚各一次，切记不要用力过度。

（8）伸懒腰打呵欠

伸伸懒腰、打个呵欠、头部往后仰、两臂往上举，这样有益身心的懒腰操，对于消除疲劳有很大帮助。头部后仰，流入头部的血液增多，使得大脑得到较充足的氧气；当我们腰身后仰时，腰部肌肉得到活动，再一伸一缩地锻炼一下，让腰肌更加发达，还能防止脊椎向前弯曲形成驼背状，维持健美体形。

3. 自测自己的身体健康

自测身体健康的10种方法：体温、脉搏、呼吸、血压、体重、饮食、排便、排尿、睡眠、精神。

1）体温。正常体温为36℃～37℃，高于此为发热，低于此称为"低体温"。后者常见于高龄体弱老人及长期营养不良患者，也可见于甲状腺机能减退症、休克疾病患者。

2）脉搏。成人脉搏60～100次/分，如发现过速、过缓、间歇强弱不定、快慢不等均为心脏不健康的表现。老年人心率一般较慢，但只要不低于55次/分次就属正常范围。

3）呼吸。健康人呼吸平稳、规律，15次/分左右，如发现呼吸的深度、频率、节律异常，呼吸费力、有胸闷、憋气感受，则为不正常表现，应就医。老年人心肺功能减退，活动后可有心悸气短的表现，休息后很快就能恢复就不应认为是疾病的表现。

4）血压。成年人血压不超过18.7/10.7kPa。老年人随年龄的增长血压也相应上升，但收缩压超过21.3kPa时，不论有无症状均应服药。

5）体重。长期稳定的体重是健康的指标之一。短时间内的消瘦见于糖尿病、甲状腺功能亢进（简称甲亢）、癌症、胃、肠、肝疾患。更年期女性该胖不胖也是算病。体重短期内增加很多可能与高血脂、糖尿病、甲状腺功能减退症等疾患有关。

6）饮食。成年人每日食量不超过500克，老年人不超过350克。如出现多食多饮应考虑糖尿病、甲亢等病的存在。每日食量不足250克，食欲丧失达半个月以上，应检查是否有潜在的炎症、癌症。

7）排便。健康人每日或隔日排便一次，为黄色成形软便。老年人尤其高龄老人，少吃、少动者可2～3天排便一次。只要排便顺利，大便不干，就不是便秘。大便颜色、性状、次数异常可反映结肠病变。

8）排尿。成年人每日排尿1～2升，每隔2～4小时排尿一次，夜间排尿间隔不定。正常尿为淡黄色，透明状，少许泡沫。如尿色尿量异常、排尿过频、排尿困难或疼痛均为不正常表现，应就医。

9）睡眠。成年人每日睡眠6～8小时，老年人应加午睡。入睡困难、夜醒不眠、白天嗜睡打盹均为睡眠障碍的表现。

10）精神。健康人精神饱满，行为敏捷，情感合理，无晕无痛；否则应检查是否有心脑血管和神经骨关节系统疾病。

学习评价

以小组为单位，展示组在本节学习过程的材料及相关成果。根据表 8-3，对本节所有的学习活动进行评分。

表 8-3

评 价 内 容	分值	评 分		
		自我评价	小组评价	教师评价
对于本节的学习目标是否明确	10			
学习引导内容的分析是否认真、透彻	15			
能力训练中的健康操任务参与积极性	25			
健康操展示时动作的准确性	30			
学习知识部分的内容是否掌握	10			
学习过程中自我身体健康管理能力	10			
合计				
综合平均得分				

第二节　心理健康——关爱自我

学习目标

1. 了解心理健康的重要性。
2. 掌握保持心理健康的方法。

学习引导

罗森塔尔实验

1968 年，美国心理学家罗森塔尔和贾可布森做了个实验：他们来到一所小学，随意从每班抽 3 名学生共 18 人写在一张表格上，极为认真地告诉校长、老师，并透露给这些学生说，这些名单上的学生被鉴定为"新近开的花朵"，具有在不久将来产生"学业冲刺"的潜力。其实，这份学生名单是随意拟定的，根本没有依据智能测验的结果。但 8 个月后再次进行智能测验时出现了奇迹：凡被列入此名单的学生，不但成绩提高很快，而且性格开朗，求知欲望强烈，与教师的感情也特别深厚。再后来这 18 人在不同的岗位上全都干出了非凡的成绩。

资料来源：熊哲宏. 你不知晓的 20 世纪最杰出的心理学家. 北京：中国社会科学出版社，2008 年

问题 1：罗森塔尔和贾可布森借用希腊神话中一位王子的名字，将这个实验命名为"皮格马利翁效应"。传说皮格马利翁爱上了一座少女塑像，在他热诚的期望下，塑像变成活人，并与之结为夫妻。为什么会出现这种奇迹呢？

_____

_____

_____

_____

问题 2："皮格马利翁效应"告诉我们在人际关系中的什么道理？

_____

_____

_____

_____

_____

失恋了怎么办

何佳，女，19 岁，技校学生。与一男生相恋 3 年，感情较好，一直沉浸在爱情的甜蜜之中。可近日，男友突然以爱上别人为由提出分手，该女生觉得男友的话犹如晴天霹雳，撕碎了自己的心。她在感情上根本无法接受这个残酷的现实，处于痛苦、彷徨、失望和无助之中难以自拔，意志消沉，感觉自己的人生已失去任何意义，甚至动过自杀的念头。

问题：你能帮助何同学想一下解决的办法吗？

_____
_____
_____
_____
_____
_____
_____
_____
_____
_____
_____
_____

能力训练

1. 任务描述

个人完成心理健康测试，并分析自己的测试结果。如有问题可向老师寻求帮助。

2. 任务目标

1) 提高对自我心理健康状况的自我觉察能力。
2) 掌握保持心理健康的方法，学会自助和求助。

3. 任务规则

1) 个人自主完成心理健康测试。
2) 完成测试时不要与他人讨论，凭自己第一感觉回答问题。
3) 测试结果仅作为参考，并不是绝对的论断。
4) 根据个人的情况和要求，教师可以对测试结果进行保密。

4. 任务实施

（1）测试者基本情况采集（表8-4）。

表8-4

姓名		出生年月		民族		小学所在地	省 县	入学动机： （在符合你想法的问题上画"○"数量不限） 1. 为了振兴中华 2. 为了社会发展人类进步 3. 想做学问 4. 想掌握专门知识和技能 5. 想提高自己的教养水平 6. 为出国打基础 7. 为了今后就职方便 8. 由于父母老师的规劝 9. 想过几年自由的日子 10. 想参加丰富多彩的社团活动 11. 对结婚有利 12. 其他
学号		所在系	系	专业		高中所在地		
班级		现住址	楼 号			高中毕业时间		
性别		家庭住址						
家庭情况： Ⅰ．父亲：（ ）岁 职业： 文化程度： 　　健康状况： Ⅱ．母亲：（ ）岁 职业： 文化程度： 　　健康状况： Ⅲ．兄弟姐妹：兄（ ）人 身份： 文化程度： 　　　　健康状况： 　　　　姐（ ）人 身份： 文化程度： 　　　　健康状况： 　　　　妹（ ）人 　　　　弟（ ）人								
既往病史 Ⅰ．难产、早产、肺炎、肝炎、结核 Ⅱ．脑炎、脑膜炎、痉挛、头部外伤 Ⅲ．其他（ ）			你的近亲中，有精神卫生方面的问题吗？有 无 （有病、中毒、自杀、去向不明等） 如果有，是父母、兄弟、祖父母、叔舅、姑姨表兄弟、堂兄弟				录取的专业和自己的愿望 1. 非常符合、满意 2. 比较满意 3. 一般 4. 不太满意 5. 相差太远，很不满意 6. 无所谓	
兴趣、爱好、特长：			是否做过心理测验： 是 否 何时做过何种心理测验： 智力测验 年 人格测验 年 其他 年				你的第一志愿的学校： 你的第一志愿的专业：	

（2）进行测试（表 8-5）

表 8-5

以下问题是为了解你的健康状况并为了增进你的身心健康而设计的调查。

请你按照题号顺序阅读，在你最近一年中，常常感觉到、体验到的项目的题号上画"○"。

为了使你顺利完成学业，身心健康地去迎接新的生活，请你真实的填写。老师们将以满腔的热情和爱心，以及严守秘密的职业道德，随时提供你所期待的帮助。

1. 食欲缺乏 2. 恶心、胃口难受、肚子痛 3. 容易拉肚子或便秘 4. 关注心悸和脉搏 5. 身体健康状况良好	16. 常常失眠 17. 头痛 18. 脖子、肩膀酸痛 19. 胸痛憋闷 20. 总是朝气蓬勃	31. 为脸红而苦恼 32. 口吃，声音发颤 33. 身体忽冷忽热 34. 注意排尿和性器官 35. 心情开朗	46. 身体倦乏 47. 一着急就出冷汗 48. 站起来就头晕 49. 昏迷或抽风 50. 人缘好、受欢迎
6. 牢骚和不满多 7. 父母期望过高 8. 自己的过去和家庭是不幸的 9. 过于担心将来的事情 10. 不想见人	21. 气量过小 22. 爱操心 23. 焦躁不安 24. 容易动怒 25. 想轻生	36. 莫名其妙地不安 37. 一个人独处时感到不安 38. 缺乏自信心 39. 为事畏首畏尾 40. 容易被人误解	51. 过于拘泥 52. 对任何事情不反复确认就不放心 53. 对脏很在乎 54. 摆脱不了毫无意义的想法 55. 觉得自己有怪气味
11. 觉得自己不是自己 12. 缺乏热情和积极性 13. 悲观 14. 思想不集中 15. 情绪起伏过大	26. 对任何事都没兴趣 27. 记忆力减退 28. 缺乏耐力 29. 缺乏决断能力 30. 过于依赖别人	41. 不相信别人 42. 过于猜疑 43. 厌恶交往 44. 感到自卑 45. 杞人忧天	56. 别人在自己背后说坏话 57. 总注意周围的人 58. 在乎别人视线 59. 觉得别人轻视自己 60. 情绪易被破坏

至今为止，你感到在自身健康方面有问题吗？ 　有　　 没有
曾经觉得心理卫生方面有问题吗？ 　　　有　　 没有

至今为止，你曾经接受过心理的咨询和治疗吗？ 　　有　　 没有

如果你有健康或心理卫生方面想要咨询的问题，请写在后面。另外，上述 1～60 题中有想咨询的问题，请写下问题的题号。

（3）测试结果计算

除了 5、20、35、50 题外，其他的题目，凡是画"○"的题目就得 1 分，没有画"○"则为 0 分，请计算总分（表 8-6）。

表 8-6

姓名	总分	画"○"的题目标号

（4）教师查看学生的测试结果，并给予建议

教师对每位学生的测试结果要实行保密原则。如果对部分测试结果解释困难，可询问专业人士，不可对学生的测试结果妄加论断。

5. 任务反馈

由教师将测试结果，填入表8-7中。

表 8-7

总分情况	人数	所占班级比例	名单	主要问题
≥25分				
20～24分				
≤19分				

知识拓展

1. 心理健康的含义

从广义上讲，心理健康是指一种高效而满意的、持续的心理状态。从狭义上讲，心理健康是指人的基本心理活动的过程内容完整、协调一致，即认识、情感、意志、行为、人格完整和协调，能适应社会，与社会保持同步。

心理学家将心理健康的标准描述为以下几点：

1）有适度的安全感，有自尊心，对自我的成就有价值感。

2）适度地自我批评，不过分夸耀自己也不过分苛责自己。

3）在日常生活中，具有适度的主动性，不为环境所左右。

4）理智，现实，客观，与现实有良好的接触，能容忍生活中挫折的打击，无过度的幻想。

5）适度地接受个人的需要，并具有满足此种需要的能力。

6）有自知之明，了解自己的动机和目的，能对自己的能力作客观的估计。

7）能保持人格的完整与和谐，个人的价值观能适应社会的标准，对自己的工作能集中注意力。

8）有切合实际的生活目标。

9）具有从经验中学习的能力，能适应环境的需要改变自己。

10）有良好的人际关系，有爱人的能力和被爱的能力。在不违背社会标准的前提下，能保持自己的个性，既不过分阿谀，也不过分寻求社会赞许，有个人独立的意见，有判断是非的标准。

2. 保持心理健康的方法

1）保持乐观的情绪。要热爱生活，热爱自己的工作。善于在生活中寻找乐趣，即便

是干些家务也不应视为负担，而是带着情趣去干，比如做饭，不断尝试新花样，享受烹饪的欢娱。在工作上要不断创造，在进取中实现自己的人生价值，不断感受成功的乐趣。

2）善于排除不良情绪。遇到不顺心的事，别闷在心里，要善于把心中的烦恼或困惑及时讲出来，使消极情绪得以释放，从而保持愉悦心情总伴你左右。

3）经常帮助别人。助人为乐，是一种高尚美德，其作用不仅使被帮助者感受人间真情，解决一时之难，也使助人者感到助人后的快慰。经常帮助别人，就是使自己常处在一种良好心境中。

4）善待别人，心胸大度。以谅解、宽容、信任、友爱等积极态度与人相处，会得到快乐的情绪体验。尤其是被人误解的时候，要亮出高姿态，待对方晓知真相后更会佩服你，这样宽容，关心别人也有利于营造好心境。

5）要有广泛的爱好。比如收藏、体育、旅游、音乐等，全身心地投入其中，享受其间的乐趣，既能增长知识，又能广泛交友。在偶遇心境不佳时，这种兴趣活动也能起到化解作用。

6）保持一颗童心。人到了而立之年以后，随年岁的增长，有人便产生了"看破红尘"的感觉，对什么都不感兴趣了，这样不利于心理健康。如果仍保持一颗童心，对任何事物都有一种好奇，不论对知识更新，还是对身心健康都有好处。

7）培养生活中的幽默感。除了严肃、正式的场合外，在同事、朋友乃至家人中，说话时适当地采用幽默语言，对活跃气氛、融洽关系都非常有益，在一阵会心的笑声中，大家心情特别好。

8）学会谐调自己与社会的关系。随着社会的发展，我们要经常调整自己的意识和行为，适应社会的规范，并不断学习，提高自己的适应力，从而减少因此而带来的困惑和压力，保持心理健康。

3. 心理异常

（1）心理异常的类别

心理异常又被称作心理变态、心理障碍、心理疾病。通常情况下，人们习惯用心理问题一词来表示不同程度的心理异常，有时指轻微的心理异常或障碍，有时指严重的心理异常或障碍。当一个人由于精神上的紧张、干扰，而使自己在思想上、情感上、行为上出现与社会生活常态偏离的现象时，就表示其患有心理异常。健康心理学将心理异常或心理不健康按程度分为三种：

1）心理问题。心理问题是指近期发生的、内容比较局限而尚未泛化，反应程度不甚剧烈，并未严重影响思维逻辑性的暂时心理紊乱。其表现出来最大特点就是学习或工作压力增大，人际关系不协调，情绪困扰和失恋等带来的心理不平衡。具体表现有：焦虑、冷漠、暴躁、自卑、空虚、无端烦恼、消沉、偏执、孤僻、敌对、狂热、急躁、多疑、狭隘、冲动、狂妄、怯场、压抑等。这种心理问题一般只是暂时的，过了一段时间，它就会自动调解，但也可通过得到有效的控制。如果不能及时控制或调节，就很可能引发严重的心理异常。

2）心理障碍。心理障碍是指初始反应剧烈，持续时间长久，内容充分泛化和自身难以克服的精神负担。由于长期精神受到折磨，所以大多数人都伴有神经症。包括神经衰弱、焦虑症、强迫症、恐惧症等。这些疾病大多都要通过合理的治疗，和有效及时的药物治疗。

3）心理疾病边缘。心理紊乱比较严重，已接近精神疾病边缘，或本身就是某种精神疾病早期阶段。如偏执或人格异常与行为偏离，有时伴有妄想，或偶然出现幻觉，注意涣散，思维跳跃。

严格说，人们所说的心理障碍或心理变态属第二种和第三种心理异常，通常是医院的精神科和精神病专科医院治疗的对象。任何人都难免遇到心理问题，尤其是第一种心理问题在总人口中的比率为100%。重要的是及时调整和控制，积极主动寻求帮助，防止进一步升级，并通过自己的努力恢复到常态，保持积极乐观的心理体验。

（2）心理异常早期症状表现

1）个性有强大的变化。比如说，原来性格上的某些缺点如孤僻、多疑、胆小害羞、性情暴躁或者多愁善感等更加严重突出。另有一些原来活泼开朗的人突然变得沉默寡言，原来彬彬有礼的人变得粗暴，原来言辞坦然的人变得疑虑重重等。

2）学习或工作效率急剧下降。如学习成绩急剧下降，学习兴趣消失，不能按时完成作业，千方百计躲避上学和考试。工作一向认真的人骤然不能完成工作任务，对工作无故地拖拉或产生抵触情绪，没有想要工作的兴趣。

3）生活习惯、规律明显大变。最明显突出的就是睡眠不好，往往深夜伴孤灯而坐，或者做一些白天可以去做的事情，或者半夜醒来辗转难眠；也有的恰恰相反，绝大多数时间都在床上度过，整天没精打采，饭量锐减，不是吃饭的时候自己弄东西吃，有时一连数餐不吃东西，间或又暴饮暴食，不加选择地乱吃东西。在人际交往上和过去的习惯完全不同，前后判若两人。其他方面如业余时间的安排以及个人嗜好等方面也显出突然的变化。

4）短时出现说错话或做出意想不到的事情。由于这类事情短时出现，而且一出现就得到周围人的帮助和纠正，往往容易忽略。一个人如果多次出现类似的错误言行，就应该提高警惕，主动地去向心理医生求治了。

（3）缓解心理异常的方式

如果明白心理异常的症状和原因，但也要及时地控制和调节病情，这样，才有助消除心理异常。以下是几种缓解心理异常的方式：

1）找出患病的根源，然后对症施治，如因经常遭受屈辱而产生自卑心理应寻找其闪光点，扬其所长，鼓励和督促他以勤补拙，设法经过努力，提高成绩。

2）宣泄和疏导出心中不满的情绪，不要压抑、堵截，要学会宣泄，疏导。可以直接对产生情绪的刺激表达情感和行为，如痛哭一场或重整旗鼓，再次拼搏，也可以找人倾诉等。要注意合情合理，不能不分对象、场合、时间，更不要违反道德和法制的行为。

3）当烦躁情绪不断地上升时，不妨有意识地将目标转移，分散注意力，这样心中的怒火就会逐渐地消失。如转而阅读文艺小说，打球和散步或闲聊等，待情绪平伏，再继续解题。不仅如此，还要正确地评价自己，并主动调整主观需求和客观现实的差距，消除内心的失望和苦闷。

学习评价

以小组为单位，展示各组在本节学习过程的材料及相关成果。根据表 8-8，对本节所有的学习活动进行评分。

表 8-8

评 价 内 容	分值	评　分		
		自我评价	小组评价	教师评价
对于本节的学习目标是否明确	5			
学习引导内容的分析是否认真、透彻	15			
能力训练中的心理测试任务完成是否符合要求	30			
对心理健康的重视程度	25			
学习知识部分的内容是否掌握	15			
学习过程中自我心理体察能力	10			
合计				
综合平均得分				

参考文献

[1] 张元. 职业生涯设计——学习、就业与职业指导[M]. 北京：北京师范大学出版社，2007

[2] 程社明. 你的船　你的海——职业生涯规划[M]. 北京：新华出版社，2007

[3] 劳动和社会保障部培训就业司. 就业技能的基础指导[M]. 北京：中国劳动社会保障出版社，2005

[4] 张廷辉，杨显东. 自我管理能力训练教程[M]. 北京：中国人民大学出版社，2011

[5] 许湘岳，吴强. 自我管理教程[M]. 北京：人民出版社，2011

[6] 广州市职业技术教研室. 职业生涯规划[M]. 北京：中国劳动社会保障出版社，2011

[7] 广州市职业技术教研室. 职业素质养成[M]. 北京：中国劳动社会保障出版社，2012